Impressum
Verlag: BABADADA GmbH, Nedderfeld 112 , 22529 Hamburg
Geschäftsführer / Verlagsleitung: Harald Hof
Druck: Books on Demand GmbH, In de Tarpen 42, 22848 Norderstedt

Imprint
Publisher: BABADADA GmbH, Nedderfeld 112 , 22529 Hamburg, Germany
Managing Director / Publishing direction: Harald Hof
Print: Books on Demand GmbH, In de Tarpen 42, 22848 Norderstedt

المدرسة
σχολείο

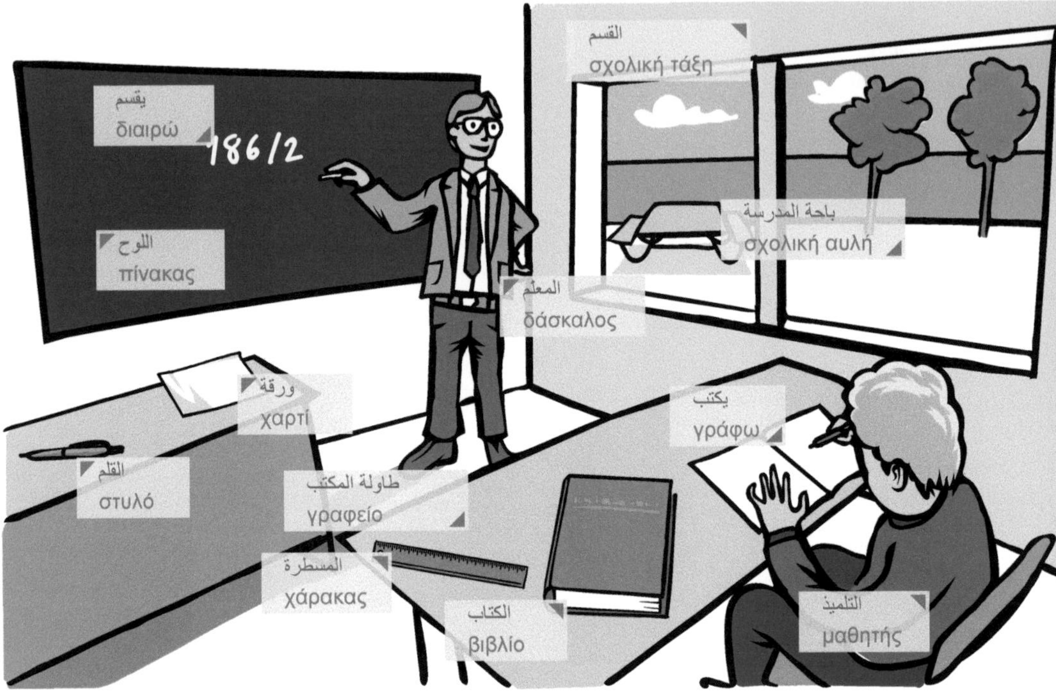

القسم
σχολική τάξη
يقسم
διαιρώ
186/2
اللوح
πίνακας
باحة المدرسة
σχολική αυλή
المعلّم
δάσκαλος
ورقة
χαρτί
يكتب
γράφω
القلم
στυλό
طاولة المكتب
γραφείο
المسطرة
χάρακας
الكتاب
βιβλίο
التلميذ
μαθητής

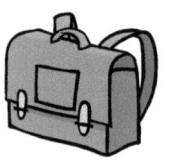

الحقيبة المدرسية

σχολική τσάντα

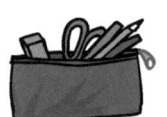

المقلمة

κασετίνα/ μολυβοθήκη

قلم الرصاص

μολύβι

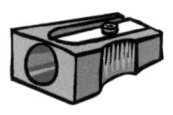

البرّاية

ξύστρα

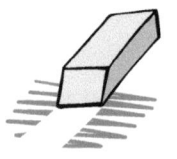

المِمحاة

γόμα

دفتر الرسم

μπλοκ ζωγραφικής

الرسمة

ζωγραφική

الفرشاة

πινέλο

علبة التلوين

κουτί χρωμάτων

المقص

ψαλίδι

المادة اللاصقة

κόλλα

دفتر التمارين

τετράδιο ασκήσεων

الواجب المدرسي

εργασία για το σπίτι

الرقم

αριθμός

يجمع

προσθέτω

يطرح

αφαιρώ

يضرب

πολλαπλασιάζω

يحسب

υπολογίζω

الحرف

γράμμα

ABCDEFG
HIJKLMN
OPQRSTU
VWXYZ

الأبجدية

αλφάβητο

كلمة

λέξη

النص

κείμενο

يقرأ

διαβάζω

الطبشور

κιμωλία

الحصة

μάθημα

دفتر الدوام المدرسي

εγγράφομαι

الامتحان

τεστ

شهادة

πιστοποιητικό

اللباس المدرسي

μαθητική στολή

التعليم

εκπαίδευση

الموسوعة

εγκυκλοπαίδεια

الجامعة

πανεπιστήμιο

المجهر

μικροσκόπιο

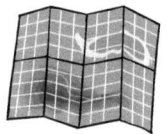

الخريطة

χάρτης

قماما

καλάθι αχρήστων

سفر

ταξίδι

فندق
ξενοδοχείο
Grand
بيت الشباب
ξενώνας
ROOMS
EXCHANGE
مكتب صرافة
ανταλλακτήρια συναλλάγματος
حقيبة
βαλίτσα
سيارة
αυτοκίνητο

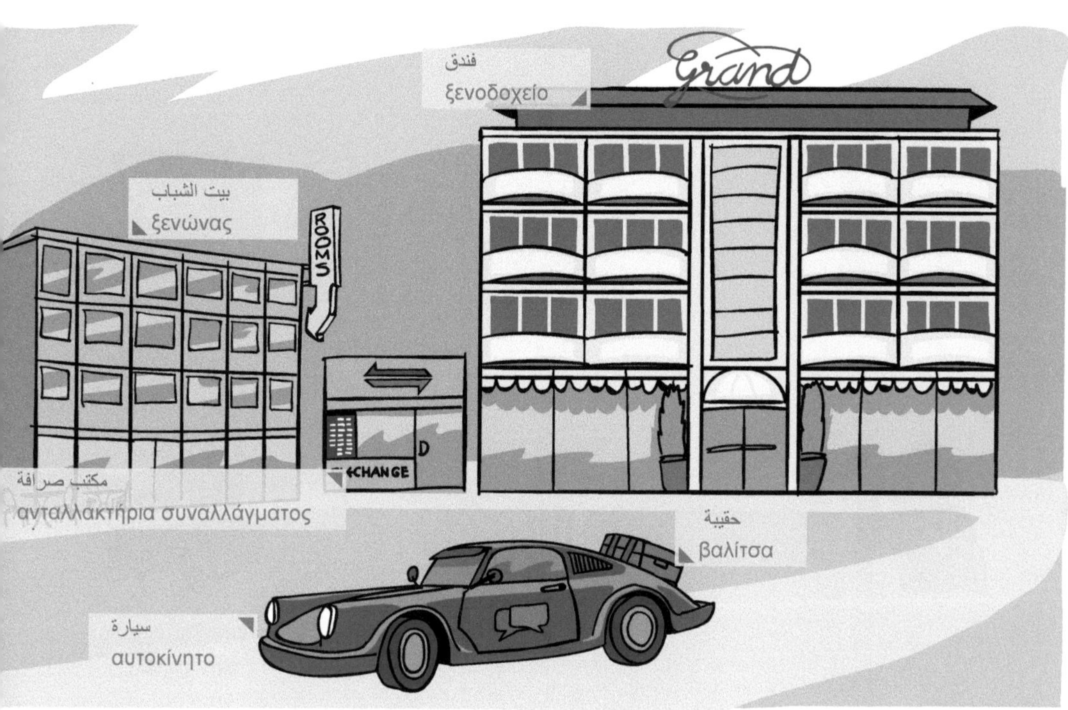

اللغة

γλώσσα

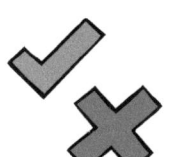

نعم / لا

ναι / όχι

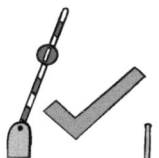

حسناً

εντάξει

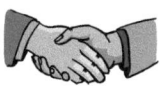

مرحباً

γεια σου

مترجم

μεταφραστής

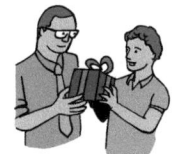

شكراً

Ευχαριστώ

كم ثمن ... ؟

πόσο κάνει ;

لا أفهم

Δε καταλαβαίνω

مشكلة

πρόβλημα

مساء الخير

Καλησπέρα!

صباح الخير!

Καλημέρα!

ليلة سعيدة

Καληνύχτα!

إلى اللقاء

Αντίο

اتجاه

κατεύθυνση

أمتعة السفر

αποσκευές

حقيبة

τσάντα

حقيبة ظهر

σακίδιο πλάτης

ضيف

καλεσμένος

غرفة

δωμάτιο

كيس للنوم

υπνόσακος

خيمة

σκηνή

استعلامات سياحية

τουριστικές πληροφορίες

شاطئ

παραλία

بطاقة ائتمان

πιστωτική κάρτα

إفطار

πρωινό

طعام الغداء

μεσημεριανό

العشاء

δείπνο

بطاقة سفر

εισιτήριο

مصعد

ανελκυστήρας

طابع بريدي

γραμματόσημο

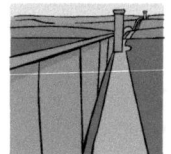

حدود

σύνορα

الجمارك

τελωνείο

سفارة

πρεσβεία

تأشيرة

βίζα

جواز سفر

διαβατήριο

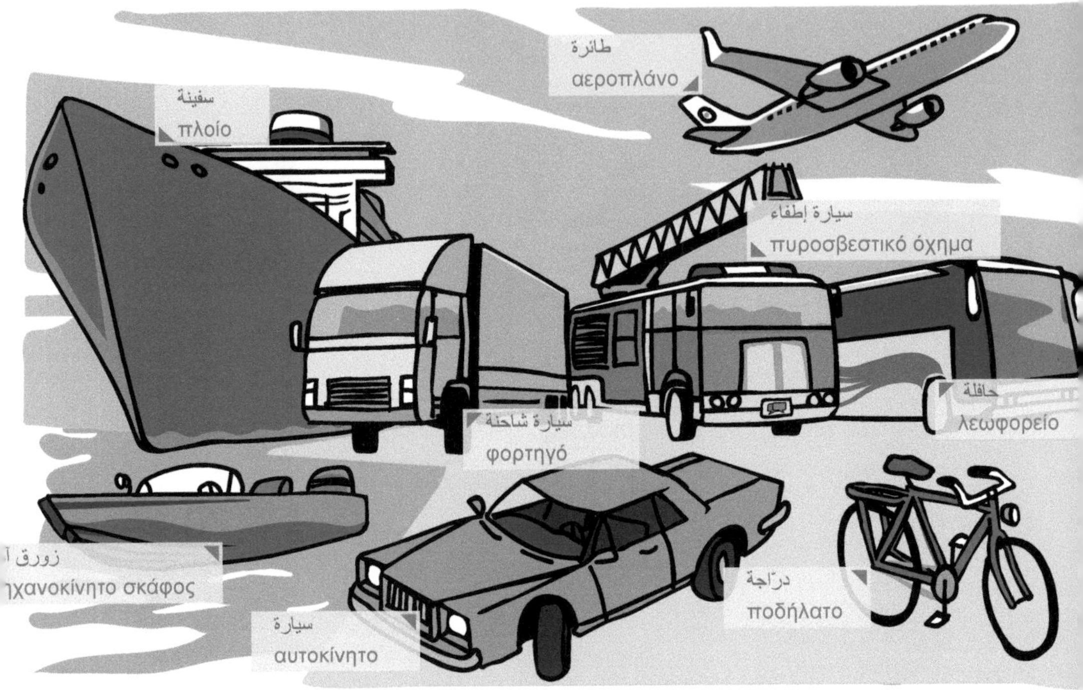

طائرة
αεροπλάνο

سفينة
πλοίο

سيارة إطفاء
πυροσβεστικό όχημα

حافلة
λεωφορείο

سيارة شاحنة
φορτηγό

زورق آ
ηχανοκίνητο σκάφος

درّاجة
ποδήλατο

سيارة
αυτοκίνητο

عبارة
φεριμπότ

قارب
βάρκα

دراجة نارية
μοτοσικλέτα

سيارة شرطة
περιπολικό

سيارة سباق
αγωνιστικό αυτοκίνητο

سيارة مستأجرة
ενοικιαζόμενο αυτοκίνητο

أسلوب تشاركي في استئجار السيارات

διαμοιρασμός αυτοκινήτων

سيارة للجر

γερανός

سيارة نقل القمامة

απορριμματοφόρο

محرك

κινητήρας

وقود

καύσιμο

محطة وقود

βενζινάδικο

إشارة مرور

πινακίδα σήμανσης

حركة السير

κυκλοφορία

ازدحام سير

κυκλοφοριακή συμφόρηση

موقف سيارات

χώρος στάθμευσης

محطة قطار

σιδηροδρομικός σταθμός

سكك حديدية

σιδηροδρομικές γραμμές

قطار

τρένο

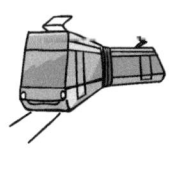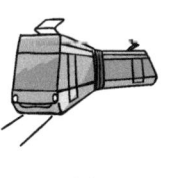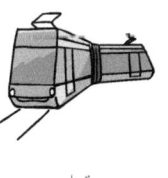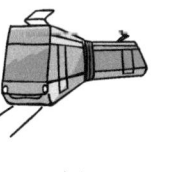

ترام

τραμ

عربة قطار

βαγόνι

طائرة مروحية

ελικόπτερο

مطار

αεροδρόμιο

برج

πύργος

مسافر

επιβάτης

حاوية

εμπορευματοκιβώτιο

علبة كرتون

χαρτοκιβώτιο

عربة يد

καρότσι

سلّة

καλάθι

يقلع / يهبط

απογειώνομαι /
προσγειόνομαι

مدينة

πόλη

قرية

χωριό

مركز المدينة

κέντρο της πόλης

بيت

σπίτι

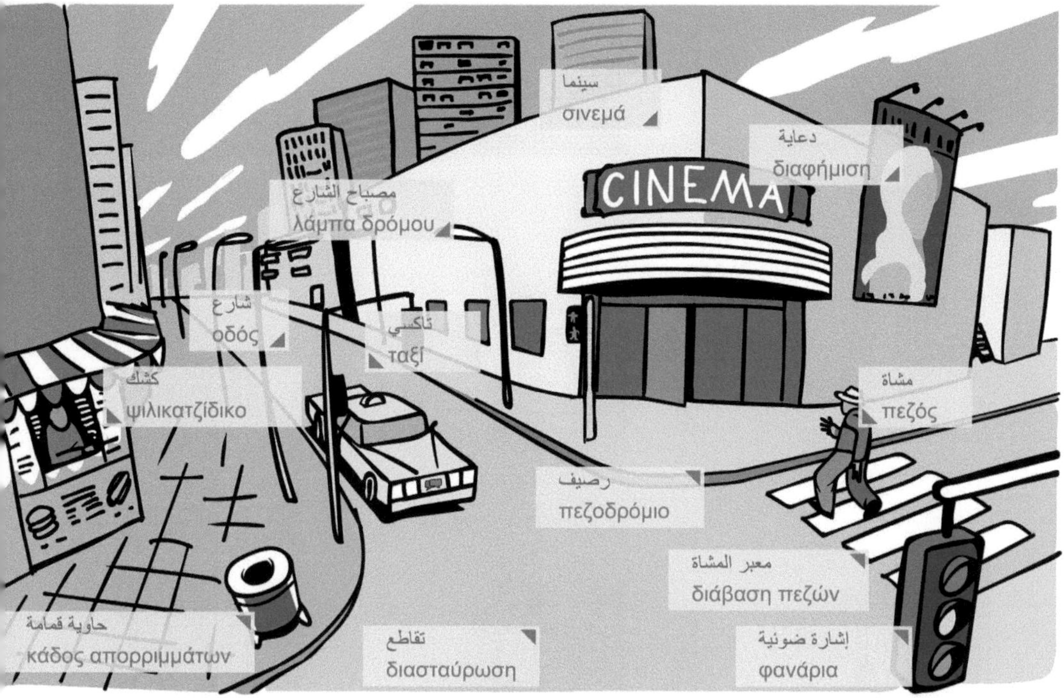

CINEMA

سِينَما
σινεμά

دعاية
διαφήμιση

مصباح الشارع
λάμπα δρόμου

شارع
οδός

تاكسي
ταξί

كشك
ψιλικατζίδικο

مشاة
πεζός

رصيف
πεζοδρόμιο

معبر المشاة
διάβαση πεζών

حاوية قمامة
κάδος απορριμμάτων

تقاطع
διασταύρωση

إشارة ضوئية
φανάρια

كوخ
καλύβα

شقة
διαμέρισμα

محطة قطار
σιδηροδρομικός σταθμός

دار البلدية
δημαρχείο

متحف
μουσείο

المدرسة
σχολείο

الجامعة
πανεπιστήμιο

مصرف
τράπεζα

المستشفى
νοσοκομείο

فندق
ξενοδοχείο

صيدلية
φαρμακείο

مكتب
γραφείο

مكتبة
βιβλιοπωλείο

متجر
κατάστημα

محل لبيع الزهور
ανθοπωλείο

سوبرماركت
σούπερ μάρκετ

سوق
αγορά

متجر كبير
πολυκατάστημα

تاجر السمك
ιχθυοπωλείο

مركز تسوّق
εμπορικό κέντρο

ميناء
λιμάνι

حديقة عامة

πάρκο

مقعد

παγκάκι

جسر

γέφυρα

درج، سلم

σκάλες

مترو

μετρό

نفق

τούνελ

موقف حافلات

στάση λεωφορείου

بار

μπαρ

مطعم

εστιατόριο

صندوق البريد

γραμματοκιβώτιο

لافتة باسم الشارع

πινακίδα δρόμου

مقياس زمن الوقوف

παρκόμετρο

حديقة حيوانات

ζωολογικός κήπος

مسبح

πισίνα

مسجد

τζαμί

مزرعة
αγρόκτημα

تلوث البيئة
ρύπανση

مقبرة
νεκροταφείο

كنيسة
εκκλησία

ملعب الأطفال
παιδική χαρά

معبد
ναός

طبيعة ريفية

τοπίο

ورقة
φύλλο

علامة إرشاد
πινακίδα κατεύθυνσης

طريق
δρόμος

مرج
λιβάδι

حجر
πέτρα

شجرة
δέντρο

رحالة
πεζοπόρος

نهر
ποτάμι

عشب
χορτάρι

زهرة
λουλούδι

وادٍ

κοιλάδα

جبل

λόφος

بحيرة

λίμνη

غابة

δάσος

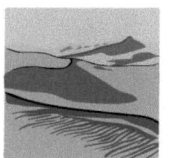

صحراء

έρημος

بركان

ηφαίστειο

قلعة

κάστρο

قوس قزح

ουράνιο τόξο

فِطر

μανιτάρι

نخلة

φοίνικας

بعوض

κουνούπι

ذبّانة

μύγα

نملة

μυρμήγκι

نحلة

μέλισσα

عنكبوت

αράχνη

خنفساء

σκαθάρι

ضفدعة

βάτραχος

سنجاب

σκίουρος

قنفذ

σκαντζόχοιρος

أرنب

λαγός

بومة

κουκουβάγια

عصفور

πουλί

بجعة

κύκνος

خنزير برّي

αγριογούρουνο

غزال

ελάφι

إلكة

άλκη

سد

φράγμα

دولاب الطاحونة الهوائية

ανεμογεννήτρια

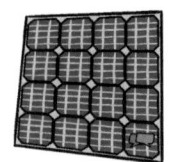

خلية شمسية

ηλιακός συλλέκτης

مناخ

κλίμα

طبيعة ريفية - τοπίο

مطعم
εστιατόριο

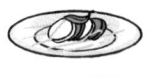

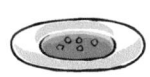

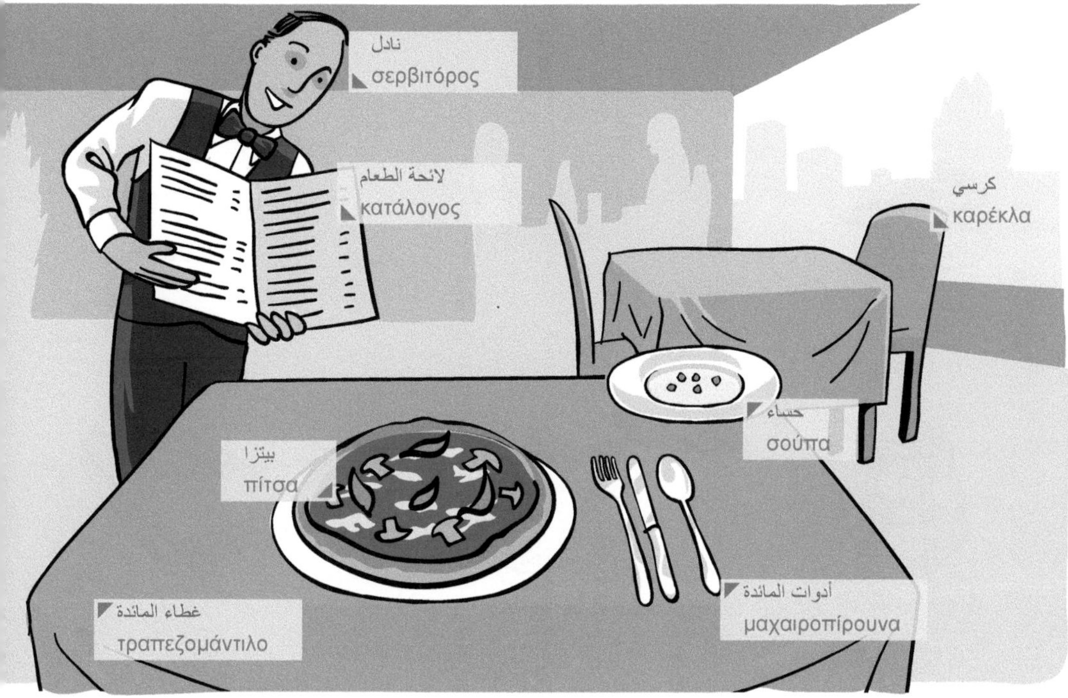
نادل
σερβιτόρος
لائحة الطعام
κατάλογος
كرسي
καρέκλα
حساء
σούπα
بيتزا
πίτσα
غطاء المائدة
τραπεζομάντιλο
أدوات المائدة
μαχαιροπίρουνα

مقبلات
....
ορεκτικό

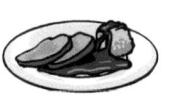

الصحن الرئيسي
....
κύριο πιάτο

حلوى أو فاكهة بعد الطعام
....
επιδόρπιο

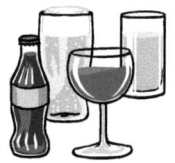

مشروبات
....
ποτά

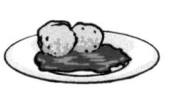

طعام
....
φαγητό

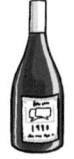

زجاجة
....
μπουκάλι

وجبات سريعة

φαστ φουντ

طعام الشارع

φαγητό στ' όρθιο

إبريق الشاي

τσαγιέρα

علبة السكر

δοχείο ζάχαρης

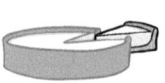

حصّة

μερίδα

آلة الإسبريسو

μηχανή εσπρέσο

كرسي عالٍ

ψηλή καρέκλα

فاتورة

λογαριασμός

صينية

δίσκος

سكين

μαχαίρι

شوكة

πιρούνι

ملعقة

κουτάλι

ملعقة الشاي

κουταλάκι του τσαγιού

منديل المائدة

πετσέτα φαγητού

كأس

ποτήρι

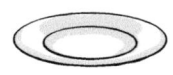

صحن

πιάτο

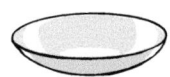

صحن الحساء

πιάτο σούπας

صحن الفنجان

πιατάκι φλιτζανιού

صلصة

σάλτσα

مملحة

αλατιέρα

مطحنة الفلفل

μύλος για πιπέρι

خلّ

ξύδι

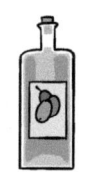

زيت الطعام

λάδι

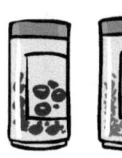

توابل

μπαχαρικά

كتشاب

κέτσαπ

خردل

μουστάρδα

مايونيز

μαγιονέζα

سوبرماركت

σούπερ μάρκετ

عرض خاص
προσφορά
زبون
πελάτης
مشتقات الحليب
γαλακτοκομικά προϊόντα
فواكه
φρούτα
عربة تسوق
καρότσι για ψώνια
FOR

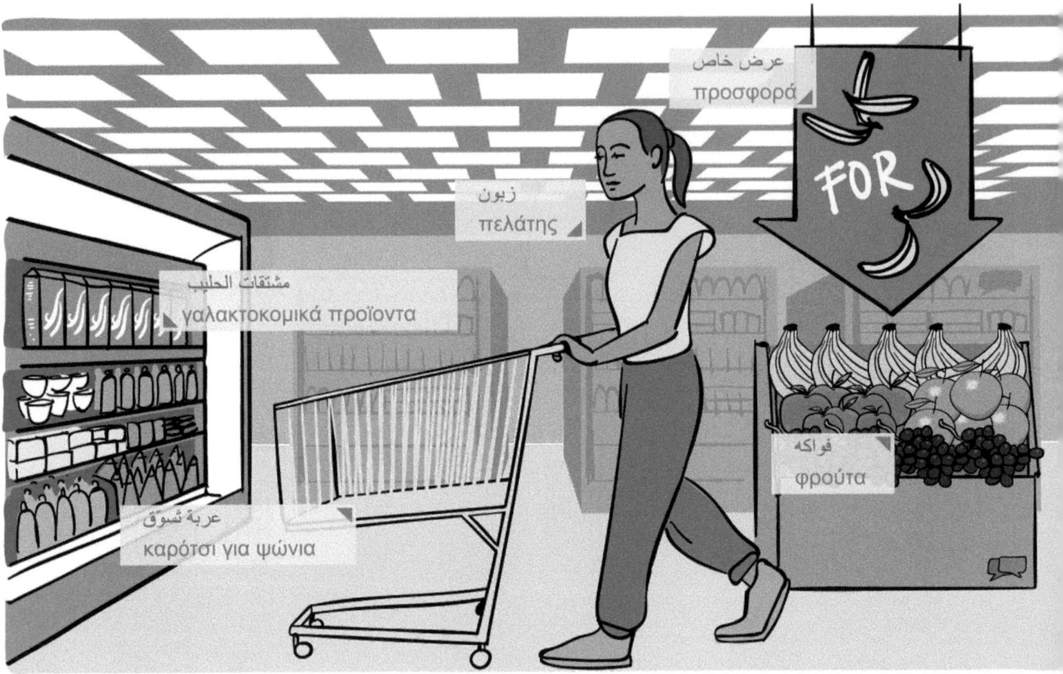

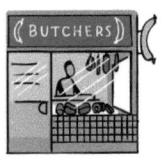

BUTCHERS

جزّار
κρεοπωλείο

BAKERY

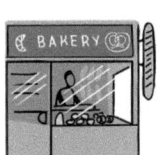

مخبز
φούρνος

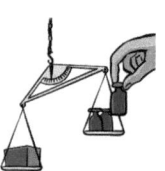

يزن
ζυγίζω

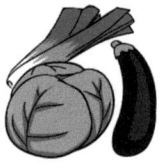

خضار
λαχανικά

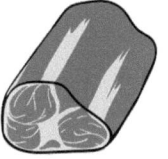

لحم
κρέας

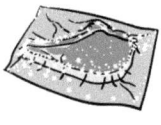

المأكولات المجمّدة
κατεψυγμένα τρόφιμα

مرتدلا أو جبن

αλλαντικά

معلبات

κονσερβοποιημένη τροφή

مسحوق الغسيل

απορρυπαντικό ρούχων

حلويات

γλυκά

المواد المنزلية

οικιακά είδη

منظفات

καθαριστικά προϊόντα

بائعة

πωλήτρια

صندوق الحساب

ταμείο

أمين صندوق

ταμίας

قائمة المشتريات

λίστα για ψώνια

أوقات العمل

ωράριο λειτουργίας

محفظة النقود

πορτοφόλι

بطاقة ائتمان

πιστωτική κάρτα

حقيبة

τσάντα

كيس بلاستيكي

πλαστική σακούλα

ماء
νερό

عصير
χυμός

حليب
γάλα

كولا
κόκα κόλα

نبيذ
κρασί

بيرة
μπίρα

كحول
αλκοόλ

كاكاو
κακάο

شاي
τσάι

قهوة
καφές

قهوة إسبريسو
εσπρέσο

كابوتشينو
καπουτσίνο

موزة

μπανάνα

تفاح

μήλο

برتقال

πορτοκάλι

بطيخ

πεπόνι

ليمون

λεμόνι

جزرة

καρότο

ثوم

σκόρδο

خيزران

μπαμπού

بصل

κρεμμύδι

فطر

μανιτάρι

لوزيات

ξηροί καρποί

شعيرية

νουντλς

سباغيتي

μακαρόνια

أرز

ρύζι

سلطة

σαλάτα

بطاطا مقلية

πατατάκια

بطاطا مقلية

τηγανητές πατάτες

بيتزا

πίτσα

هامبورغر

χάμπουργκερ

ساندويش

σάντουιτς

شريحة لحم مقلية

κοτολέτα

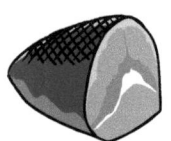

لحم خنزير

ζαμπόν

سلامي

σαλάμι

سجق

λουκάνικο

دجاج

κοτόπουλο

لحم محمر

ψητό

سمك

ψάρι

دقيق الشوفان

χυλός βρώμης

موسلي

μούσλι

كورن فلكس

κορν φλέικς

طحين

αλεύρι

كرواسان

κρουασάν

خبز صغير

ψωμάκι

خبز

ψωμί

خبز محمص

τοστ

بسكويت

μπισκότα

زبدة

βούτυρο

لبن زبادي

τυρόπηγμα

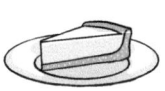

كعكة

κέικ

بيضة

αυγό

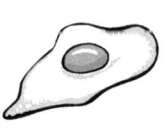

بيض مقلي

τηγανητό αυγό

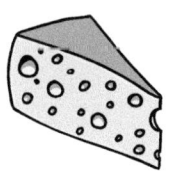

جبنة

τυρί

مثلّجات

παγωτό

سكّر

ζάχαρη

عسل

μέλι

مربّى الفاكهة

μαρμελάδα

كريم النوغا

άλλειμμα σοκολάτας

الكاري

κάρυ

مزرعة
αγρόκτημα

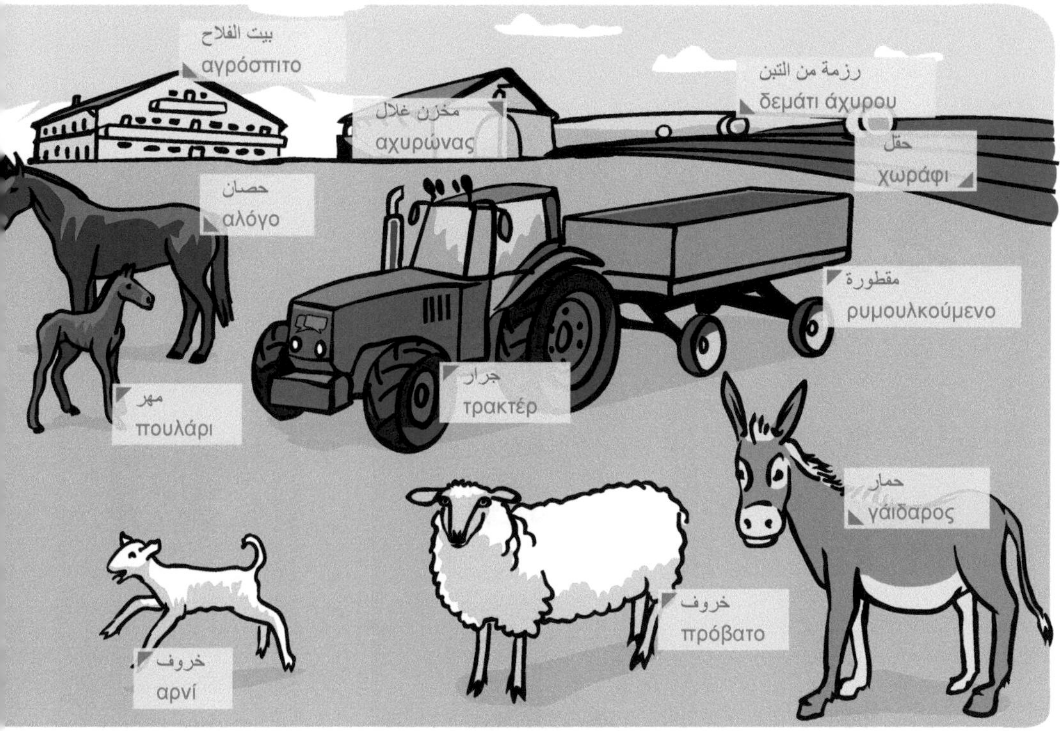

بيت الفلاح
αγρόσπιτο
مخزن غلال
αχυρώνας
رزمة من التبن
δεμάτι άχυρου
حقل
χωράφι
حصان
άλογο
مقطورة
ρυμουλκούμενο
جرار
τρακτέρ
مهر
πουλάρι
حمار
γάιδαρος
خروف
πρόβατο
خروف
αρνί

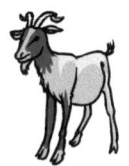

ماعز

κατσίκα

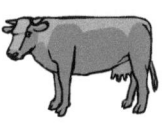

بقرة

αγελάδα

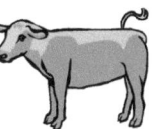

عجل

μοσχαράκι

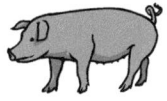

خنزير

γουρούνι

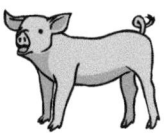

خنزير صغير

γουρουνάκι

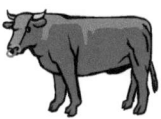

ثور

ταύρος

إوزّة

χήνα

بطة

πάπια

صوص

κοτοπουλάκι

دجاجة

κότα

ديك

κόκορας

جرذ

αρουραίος

قطّة

γάτα

فأر

ποντίκι

ثور

βόδι

كلب

σκύλος

كوخ الكلب

σπιτάκι σκύλου

خرطوم الحديقة

λάστιχο κήπου

إبريق

ποτιστήρι

منجل

θεριστήρι

المحراث

αλέτρι

منجل

δρεπάνι

معزقة

τσάπα

مذراة الزبل

δίκρανο

بلطة

τσεκούρι

عربة يد

χειράμαξα

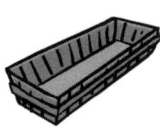

معلف

ταΐστρα

صفيحة الحليب

δοχείο γάλακτος

كيس

σάκος

سياج

φράχτης

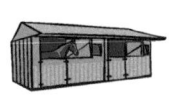

اصطبل

στάβλος

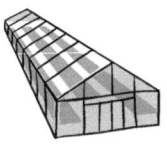

دفيئة

θερμοκήπιο

تربة

έδαφος

بذور

σπόρος

سماد

λίπασμα

حصّادة درّاسة

θεριζοαλωνιστική μηχανή

يحصد
θερίζω

محصول
συγκομιδή

بطاطا يامس
γιαμς

قمح
σιτάρι

صويا
σόγια

بطاطا
πατάτα

ذرة
καλαμπόκι

سلجم
κράμβη

شجرة فاكهة
οπωροφόρο δέντρο

نبات منيهوت
μανιόκα

الحبوب
δημητριακά

بيت
σπίτι

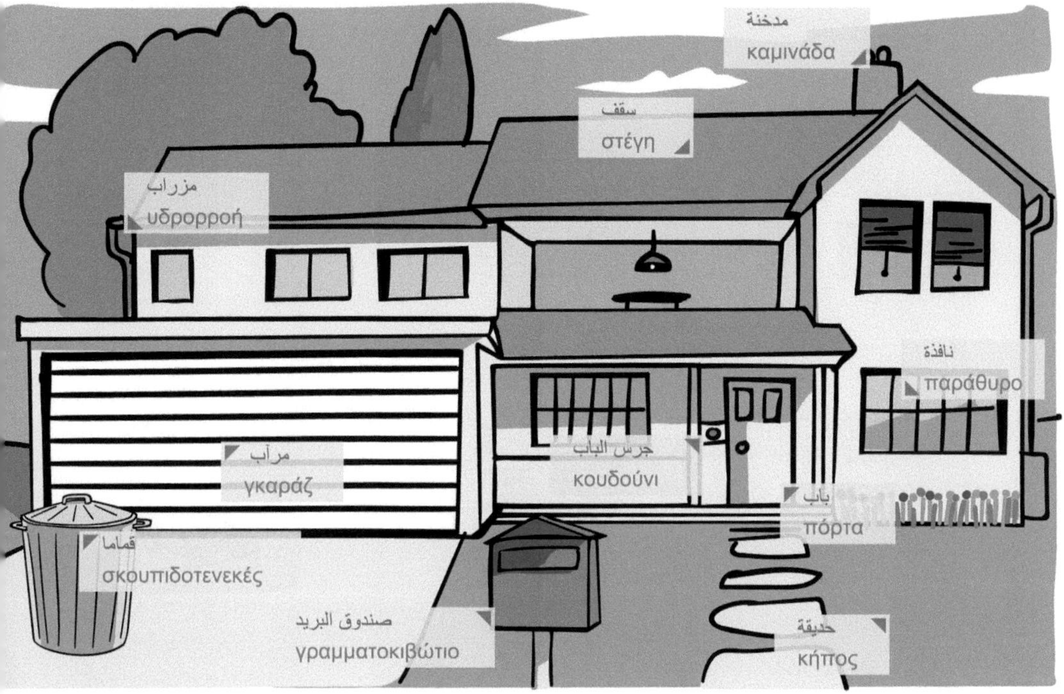
مدخنة
καμινάδα
سقف
στέγη
مزراب
υδρορροή
نافذة
παράθυρο
مرآب
γκαράζ
جرس الباب
κουδούνι
باب
πόρτα
قمامة
σκουπιδοτενεκές
صندوق البريد
γραμματοκιβώτιο
حديقة
κήπος

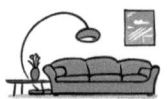

غرفة جلوس

σαλόνι

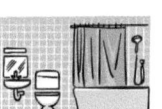

الحمّام

μπάνιο

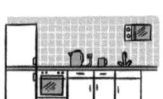

مطبخ

κουζίνα

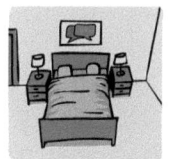

غرفة النوم

υπνοδωμάτιο

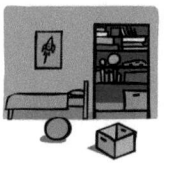

غرفة الأطفال

παιδικό δωμάτιο

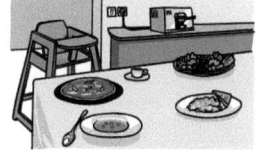

غرفة الطعام

τραπεζαρία

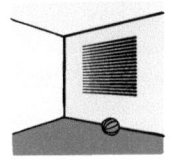

أرضية

πάτωμα

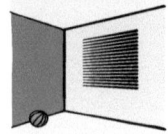

حائط

τοίχος

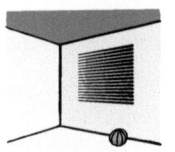

سقف

οροφή

قبو

κελάρι

ساونا

σάουνα

بلكون

μπαλκόνι

شرفة

βεράντα

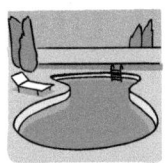

مسبح

πισίνα

جزّازة العشب

μηχανή του γκαζόν

بياضات السرير

σεντόνι

بطانية

κάλυμμα κρεβατιού

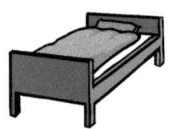

سرير

κρεβάτι

مكنسة

σκούπα

سطل

κουβάς

مفتاح كهربائي

διακόπτης

غرفة جلوس

σαλόνι

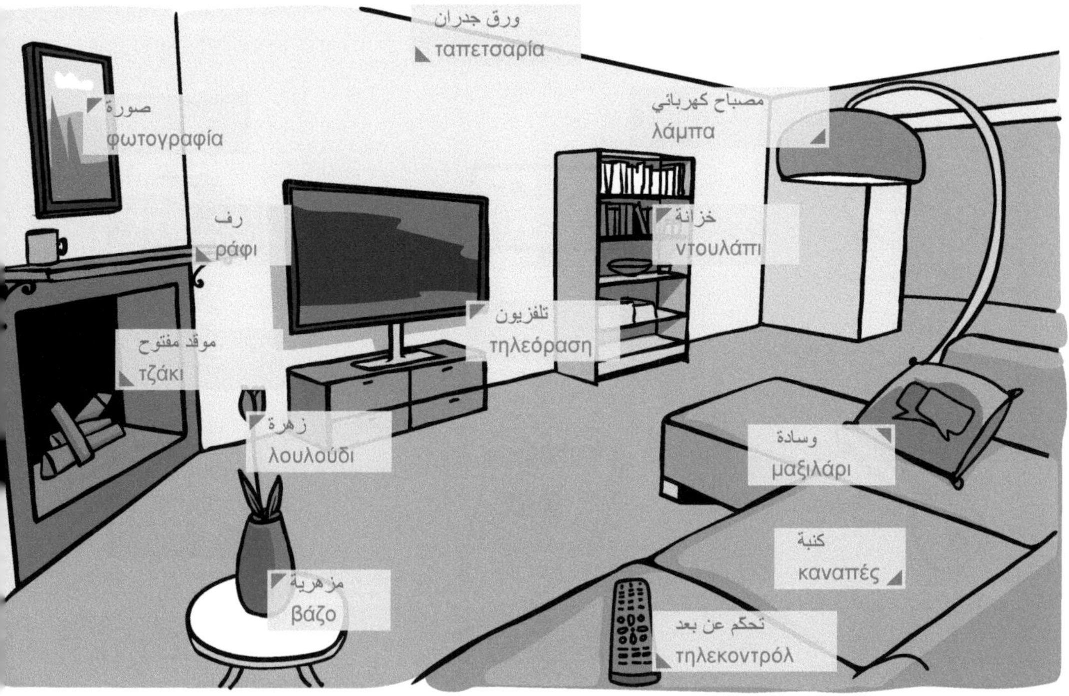

ورق جدران
ταπετσαρία
صورة
φωτογραφία
مصباح كهربائي
λάμπα
رف
ράφι
خزانة
ντουλάπι
تلفزيون
τηλεόραση
موقد مفتوح
τζάκι
زهرة
λουλούδι
وسادة
μαξιλάρι
كنبة
καναπές
مزهرية
βάζο
تحكم عن بعد
τηλεκοντρόλ

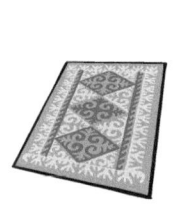

بصاط
χαλί

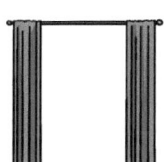

ستارة
κουρτίνα

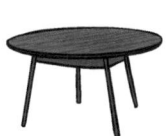

طاولة
τραπέζι

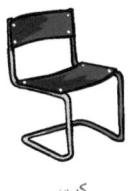

كرسي
καρέκλα

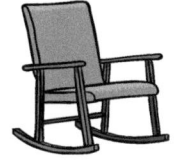

كرسي هزّاز
κουνιστή πολυθρόνα

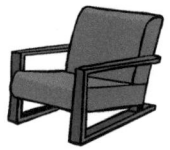

كرسي ذو ذراعين
πολυθρόνα

الكتاب

βιβλίο

بطانية

κουβέρτα

زخرفة

διακόσμηση

الحطب

καυσόξυλα

فيلم

ταινία

تجهيزات ستيريو

στερεοφωνικό σύστημα

مفتاح

κλειδί

جريدة

εφημερίδα

لوحة مرسومة

πίνακας ζωγραφικής

مُلصق

αφίσα

راديو

ραδιόφωνο

دفتر ملاحظات

σημειωματάριο

المكنسة الكهربائية

ηλεκτρική σκούπα

صبّار

κάκτος

شمعة

κερί

مطبخ
κουζίνα

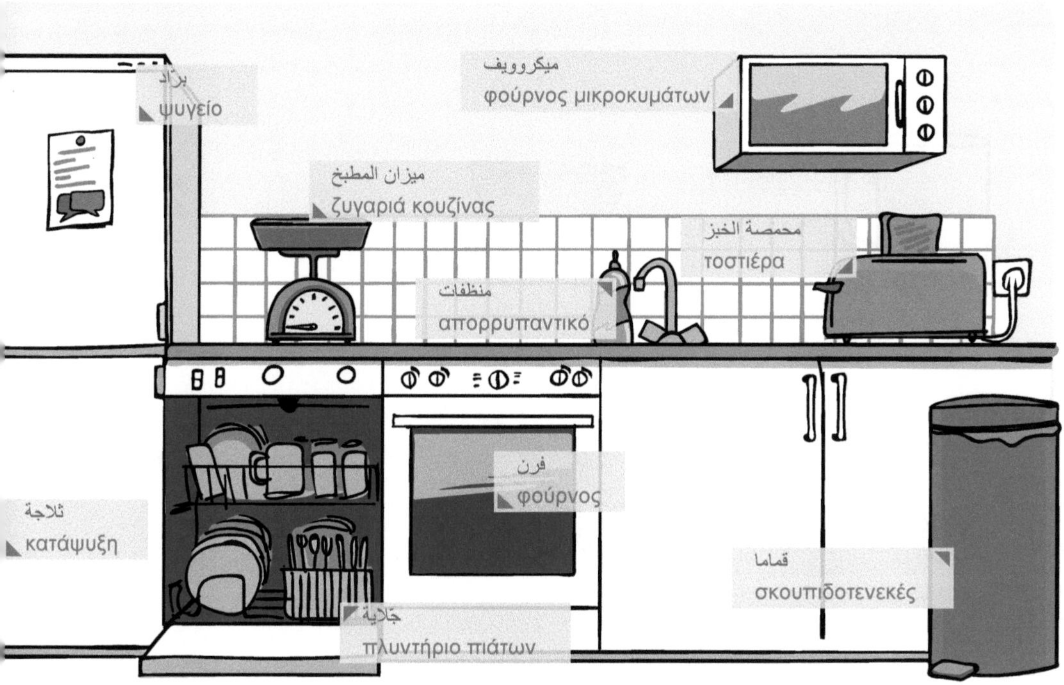

برّاد
ψυγείο
ميكروويف
φούρνος μικροκυμάτων
ميزان المطبخ
ζυγαριά κουζίνας
محمصة الخبز
τοστιέρα
منظفات
απορρυπαντικό
فرن
φούρνος
ثلاجة
κατάψυξη
قماما
σκουπιδοτενεκές
جَلاية
πλυντήριο πιάτων

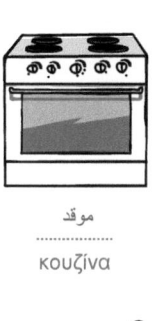

موقد

κουζίνα

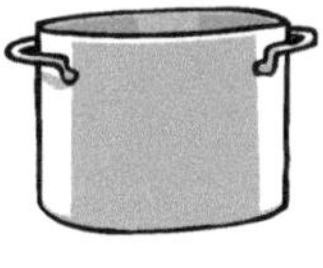

قِدر

κατσαρόλα

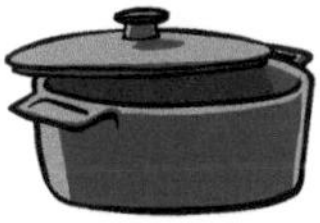

وعاء من الحديد

μαντεμένια κατσαρόλα

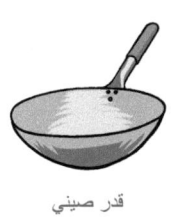

قدر صيني

γουόκ/καντάι

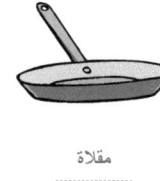

مقلاة

τηγάνι

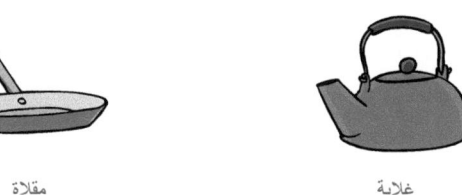

غلاية

βραστήρας

قدر البخار

ατμομάγειρας

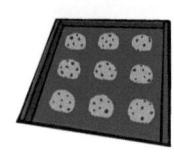

صينية

ταψί

أواني

πιατικά

فنجان

κούπα

صحن

μπολ

عيدان الأكل

ξυλάκια

مغرفة

κουτάλα

ملعقة منبسطة

σπάτουλα

خفاقة

ανακατεύω

مصفاة

σουρωτήρι

مصفاة

σουρωτηράκι

مبشرة

τρίφτης

هاون

γουδί

شواء

ψησταριά

موقد

ανοιχτή φωτιά

لوح التقطيع

σανίδα κοπής

نشّابة

πλάστης

مفتاح الزجاجات

ανοιχτήρι φελλών

علبة

κονσέρβα

مفتاح العلب المعدنية

ανοιχτήρι κονσέρβας

قماش الفرن

γάντι φούρνου

مجلى

νεροχύτης

فرشاة

βούρτσα

إسفنج

σφουγγάρι

خلاط

μπλέντερ

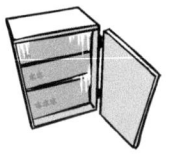

مجمّدة

καταψύκτης

زجاجة الطفل

μπιμπερό

صنبور الماء

βρύση

الحمّام

μπάνιο

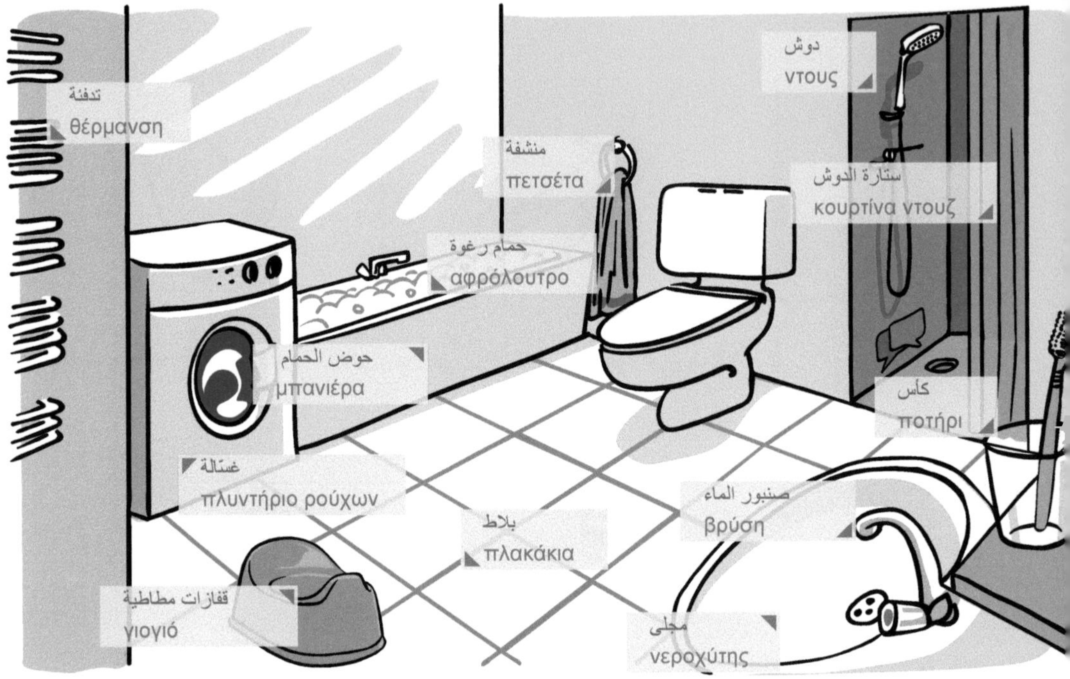

تدفئة
θέρμανση
منشفة
πετσέτα
دوش
ντους
ستارة الدوش
κουρτίνα ντουζ
حمام رغوة
αφρόλουτρο
حوض الحمام
μπανιέρα
كأس
ποτήρι
غسّالة
πλυντήριο ρούχων
صنبور الماء
βρύση
بلاط
πλακάκια
قفازات مطاطية
γιογιό
مجلى
νεροχύτης

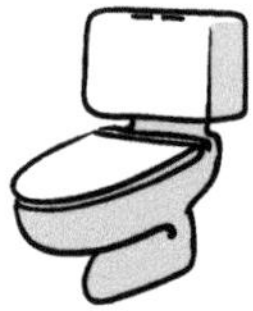

حمام
τουαλέτα

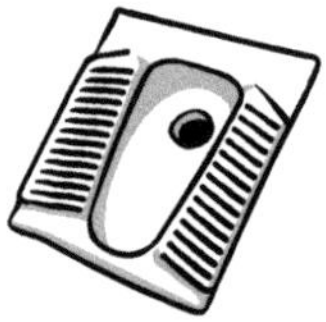

مرحاض القرفصاء
τούρκικη τουαλέτα

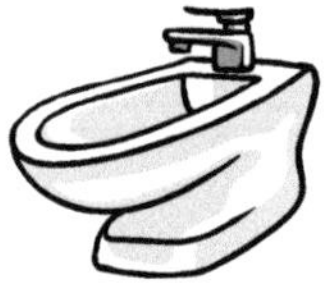

حوض التشطيف
μπιντές

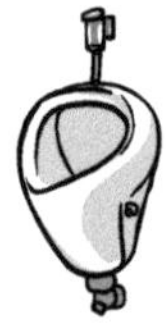

مبولة
ουρητήριο

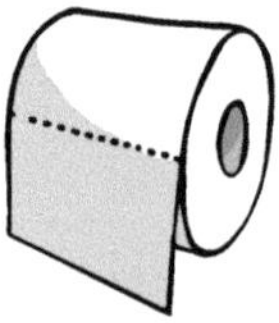

ورق المرحاض
χαρτί υγείας

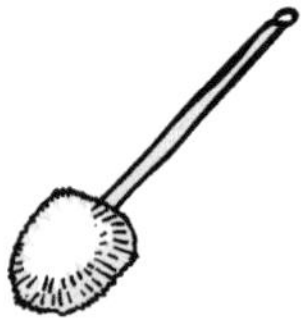

فرشاة الحمام
πιγκάλ

فرشاة الأسنان

οδοντόβουρτσα

معجون الأسنان

οδοντόκρεμα

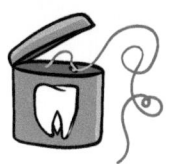

خيط حرير لتنظيف الأسنان

οδοντικό νήμα

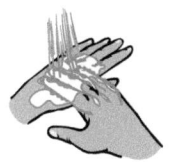

يغسل

πλένω

رشاش ماء يدوي

τηλέφωνο ντους

شطاف

ντουσιέρα

حوض الغسيل

λεκάνη

فرشاة الظهر

βούρτσα πλάτης

صابون

σαπούνι

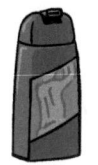

جيل الدوش

αφρόλουτρο

شامبو

σαμπουάν

ممسحة

φανέλα

مصرف للماء

σιφόνι

مرهم

κρέμα

مزيل الروائح

αποσμητικό

مرآة

καθρέφτης

مرآة يد

καθρέφτης χειρός

موس حلاقة

ξυραφάκι

رغوة الحلاقة

αφρός ξυρίσματος

كولونيا

αφτερσέιβ

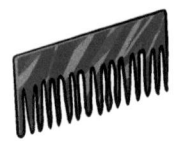

مشط

χτένα

فرشاة

βούρτσα

سشوار

σεσουάρ

مثبت للشعر

λακ

ماكياج

μακιγιάζ

روج

κραγιόν

طلاء أظافر

βερνίκι νυχιών

قطن

βαμβάκι

مقص أظافر

ψαλίδι νυχιών

عطر

άρωμα

سلة الغسيل

νεσεσέρ

مقعد صغير

σκαμπό

ميزان

ζυγαριά

معطف الحمام

μπουρνούζι

قفازات مطاطية

ελαστικά γάντια

سدادة قطنية

ταμπόν

منشفة صحية

πετσέτα υγιεινής

تواليت كيميائية

χημική τουαλέτα

غرفة الأطفال

παιδικό δωμάτιο

منبّه
ξυπνητήρι
الحيوانات المحنطة
λούτρινο ζωάκι
سيارة لعبة
αυτοκινητάκι
خشخشة
κουδουνίστρα
بيت الدمى
κουκλόσπιτο
هدية
δώρο

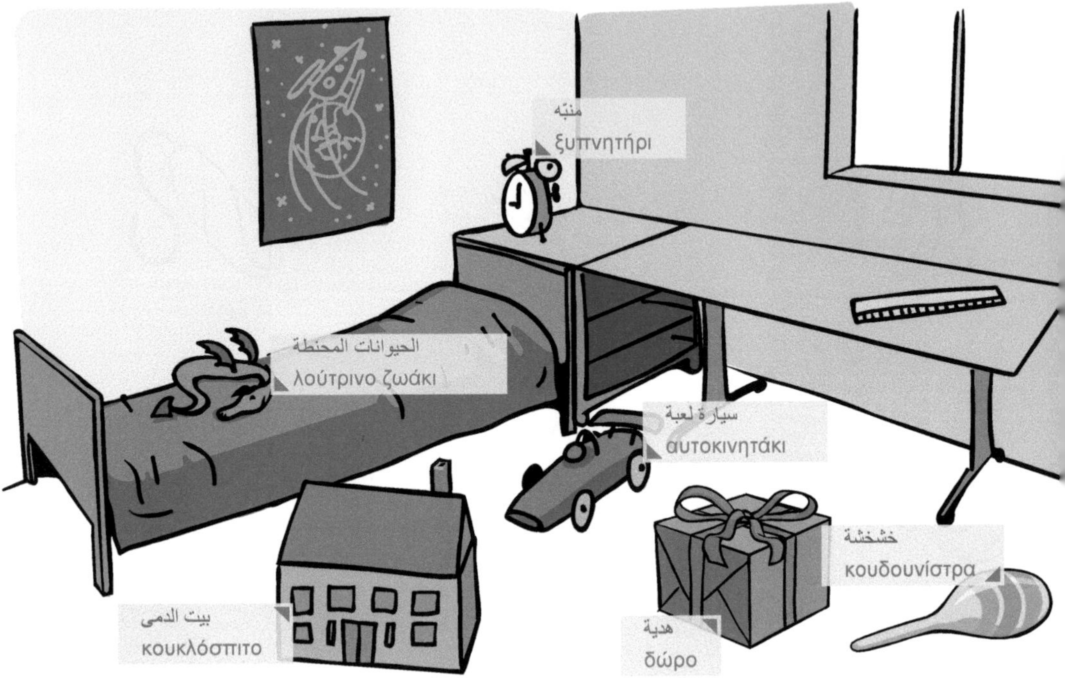

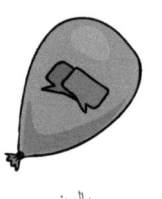

بالون

μπαλόνι

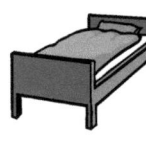

سرير

κρεβάτι

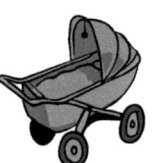

عربة الأطفال

καροτσάκι

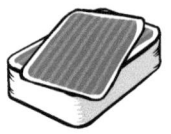

لعبة الورق

τράπουλα

أحجية

παζλ

SUPER
MEGA

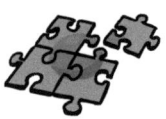

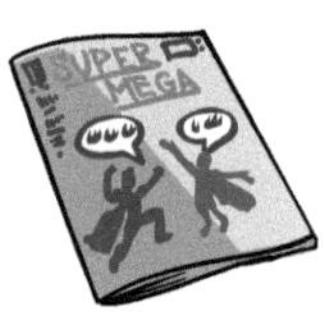

رسوم هزلية

κόμικς

أحجار الليغو

τουβλάκια lego

حجارة تركيب

τουβλάκια κατασκευών

دمية بطل

φιγούρα δράσης

لباس الطفل

βρεφικό φορμάκι

فريسبي

φρίσμπι

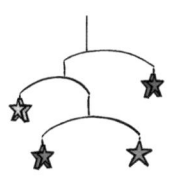

دمية معلقة

μόμπιλο

لعبة الطاولة

επιτραπέζιο παιχνίδι

لعبة النرد

ζάρια

لعبة قطار

σετ τρενάκι

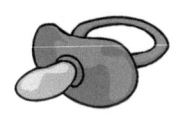

مصّاصة

πιπίλα

حفلة

πάρτι

كتاب مصوّر

εικονογραφημένο βιβλίο

كرة

μπάλα

دمية

κούκλα

يلعب

παίζω

ملعب رملي للأطفال

σκάμμα με άμμο

أرجوحة

κούνια

لعبة

παιχνίδια

ألعاب فيديو

κονσόλα βιντεοπαιχνιδιών

دراجة ثلاثية

τρίκυκλο

دمية على شكل الدب

αρκουδάκι

خزانة الثياب

ντουλάπα

ثياب

ρούχα

جوارب قصيرة

κάλτσες

جوارب طويلة

καλτσοδέτες

جورب بنطلون

καλσόν

شال
κασκόλ

شمسية
ομπρέλα

تي شيرت
μπλουζάκι

حزام
ζώνη

حذاء شتوي
μπότες

شبشب
παντόφλες

أحذية رياضية
αθλητικά παπούτσια

صندل
σανδάλια

حذاء
παπούτσια

جزمة كاوتشوك
γαλότσες

سروال داخلي
εσώρουχο

صدّارة
σουτιέν

قميص داخلي
φανέλα

لباس ملاصق للجسم

σώμα

بنطلون

παντελόνι

جينز

τζιν παντελόνι

تنورة

φούστα

بلوزة

μπλούζα

قميص

πουκάμισο

سترة قطنية

πουλόβερ

كنزة كم طويل

πουλόβερ

سترة فضفاضة

σακάκι

سترة

μπουφάν

معطف

παλτό

معطف مطري

αδιάβροχο πανωφόρι

زي - طقم نسائي

κοστούμι

ثوب

φόρεμα

ثوب الزفاف

νυφικό

طقم
....
κοστούμι

قميص نوم
....
νυχτικό

بيجاما
....
πιτζάμες

ساري
....
σάρι

حجاب
....
μαντήλι

عمامة
....
τουρμπάνι

برقع
....
μπούρκα

قفطان
....
καφτάνι

عباءة
....
μουσουλμανικό ένδυμα

مايوه
....
ολόσωμο μαγιό

سروال سباحة
....
ανδρικό μαγιό

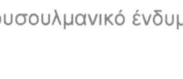

ثرت
....
σορτς

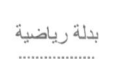

بدلة رياضية
....
αθλητική φόρμα

مئزر
....
ποδιά

قفازات
....
γάντια

ثياب - ρούχα

زر
....
κουμπί

نظّارة
....
γυαλιά

إسوارة
....
βραχιόλι

عقد
....
περιδέραιο

خاتم
....
δαχτυλίδι

قرط
....
σκουλαρίκι

طاقيّة
....
καπέλο

علاقة ثياب
....
κρεμάστρα

قبّعة
....
καπέλο

ربطة العنق
....
γραβάτα

سحّاب
....
φερμουάρ

خوذة
....
κράνος

حمّالة البنطلون
....
τιράντες

اللباس المدرسي
....
μαθητική στολή

زي موحّد
....
στολή

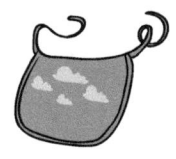

مريلة الأطفال

σαλιάρα

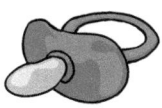

مصّاصة

πιπίλα

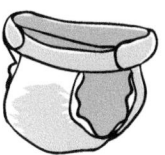

لفافة

πάνα

مكتب

γραφείο

المخدّم
σέρβερ
خزانة الملفات
αρχειοθήκη
طابعة
εκτυπωτής
ورقة
χαρτί
شاشة
οθόνη
طاولة المكتب
γραφείο
فارة
ποντίκι
ملف
ντοσιέ
لوحة المفاتيح
πληκτρολόγιο
قماما
καλάθι αχρήστων
حاسوب
υπολογιστής
كرسي
καρέκλα

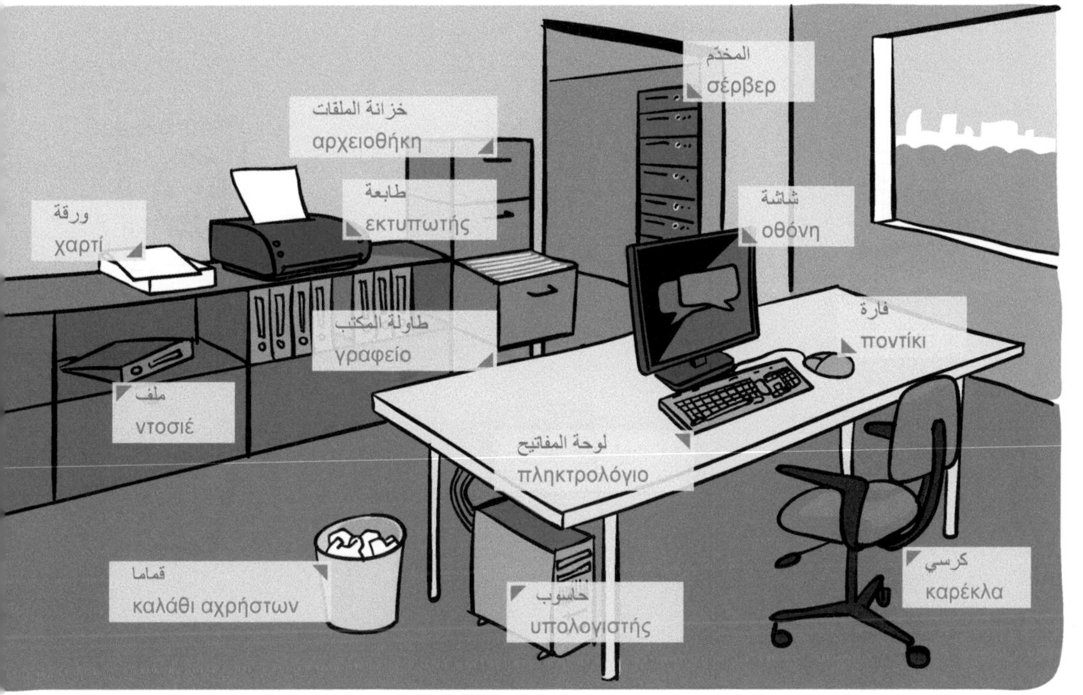

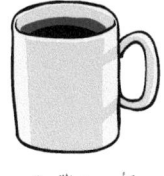

كأس من القهوة

κούπα του καφέ

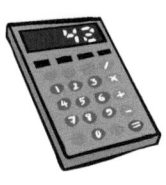

الآلة الحاسبة

κομπιουτεράκι

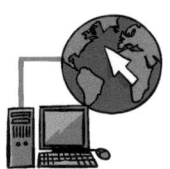

الإنترنت

ίντερνετ

الحاسوب المحمول

λάπτοπ

رسالة

γράμμα

خبر

μήνυμα

الهاتف المحمول

κινητό

شبكة

δίκτυο

جهاز تصوير

φωτοτυπικό μηχάνημα

البرمجيات

λογισμικό

هاتف

τηλέφωνο

مقبس كهربائي

πρίζα

فاكس

συσκευή φαξ

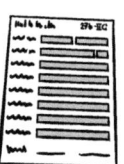

استمارة

έντυπο

وثيقة

έγγραφο

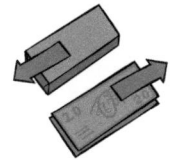

يَشْتري

αγοράζω

يدفع

πληρώνω

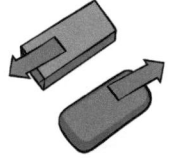

يتاجر

συναλλάσσομαι

مال

χρήματα

دولار

δολάριο

يورو

ευρώ

ين

γιεν

روبل

ρούβλι

فرنك سويسري

ελβετικό φράγκο

يوان

ρενμίνμπι γιουάν

روبية

ρουπία

صرّاف آلي

ATM (αυτόματη ταμειακή μηχανή)

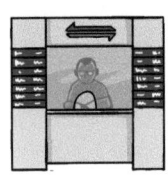

مكتب صرافة
....
ανταλλακτήρια
συναλλάγματος

ذهب
....
χρυσός

فضة
....
ασήμι

نفط
....
πετρέλαιο

طاقة
....
ενέργεια

سعر
....
τιμή

عقد
....
συμβόλαιο

ضريبة
....
φόρος

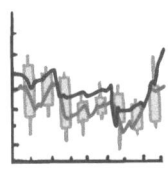

سهم
....
μετοχή

يعمل
....
δουλεύω

موظف
....
υπάλληλος

رب العمل
....
εργοδότης

مصنع
....
εργοστάσιο

متجر
....
κατάστημα

المِهَن

επαγγέλματα

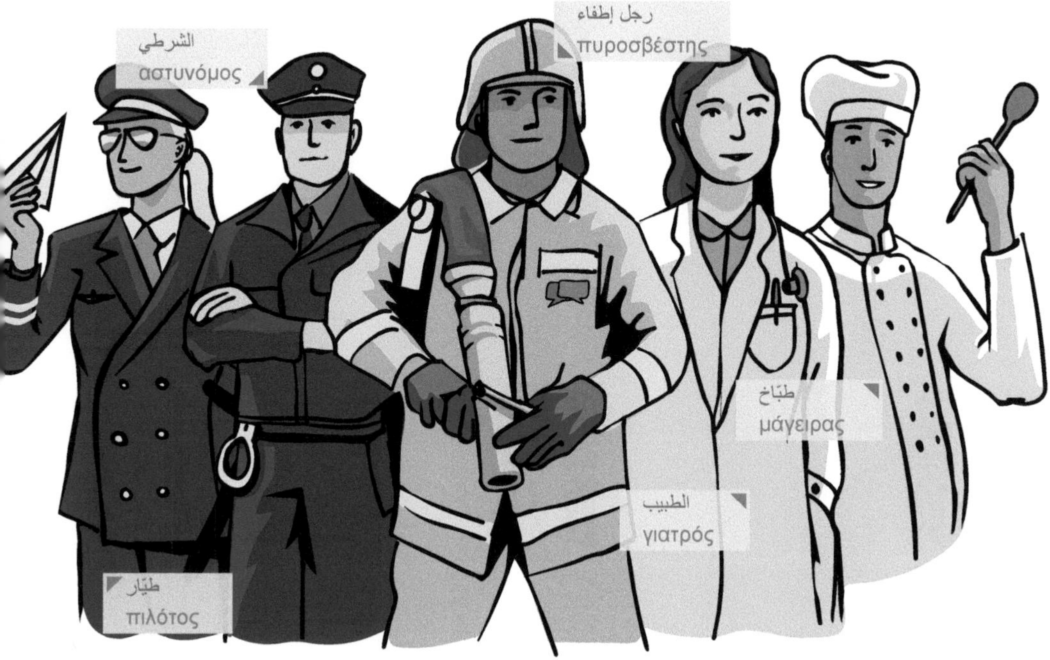

الشرطي
αστυνόμος
رجل إطفاء
πυροσβέστης
طبّاخ
μάγειρας
الطبيب
γιατρός
طيّار
πιλότος

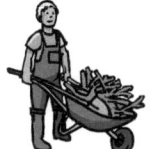

بستاني
....
κηπουρός

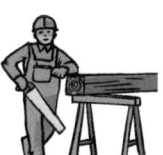

نجّار
....
ξυλουργός

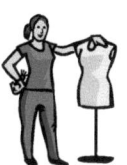

خيّاطة
....
μοδίστρα

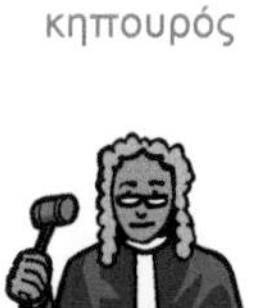

قاض
....
δικαστής

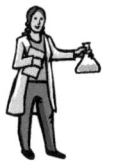

كيميائي
....
χημικός

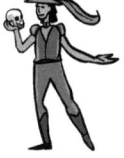

ممثل
....
ηθοποιός

سائق حافلة

οδηγός λεωφορείου

سائق تاكسي

ταξιτζής

صياد سمك

ψαράς

أجيرة للتنظيف

καθαρίστρια

بنّاء سقف

τεχνίτης στεγών

نادل

σερβιτόρος

صيّاد

κυνηγός

رسّام

ζωγράφος

خباز

αρτοποιός

كهربائي

ηλεκτρολόγος

عامل بناء

οικοδόμος

مهندس

μηχανολόγος

لحّام

κρεοπώλης

سمكري

υδραυλικός

ساعي البريد

ταχυδρόμος

جندي

στρατιώτης

مهندس معماري

αρχιτέκτονας

أمين صندوق

ταμίας

بائع الزهور

ανθοπώλης

حلاق

κομμωτής

مراقب القطار

ελεγκτής εισιτηρίων

ميكانيكي

μηχανικός

قبطان

καπετάνιος

طبيب أسنان

οδοντίατρος

رجل العلم

επιστήμονας

حاخام

ραβίνος

إمام

ιμάμης

راهب

μοναχός

كاهن

ιερέας

عدة عمل

εργαλεία

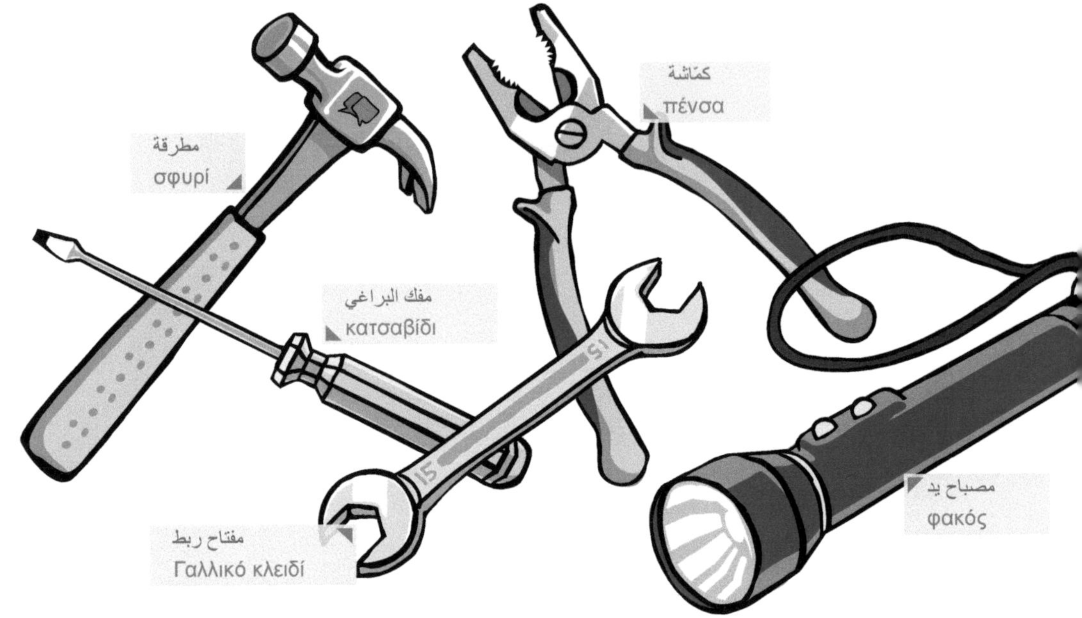

مطرقة
σφυρί
كمّاشة
πένσα
مفك البراغي
κατσαβίδι
مفتاح ربط
Γαλλικό κλειδί
مصباح يد
φακός

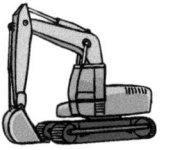

جرافة
εκσκαφέας

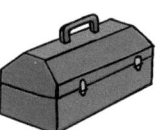

صندوق العدة
εργαλειοθήκη

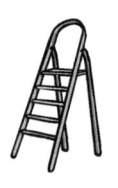

سلّم
σκάλα

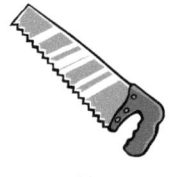

منشار
πριόνι

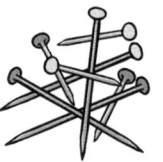

مسامير
καρφιά

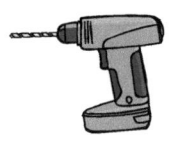

مثقب
τρυπάνι

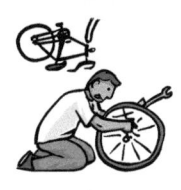

يصلح

επισκευάζω

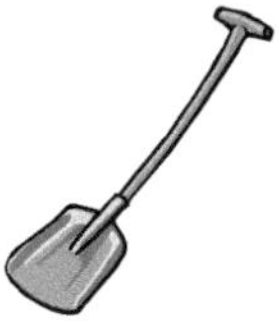

مجرفة

φτυάρι

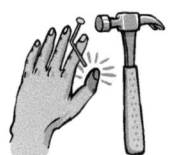

اللعنة

Να πάρει!

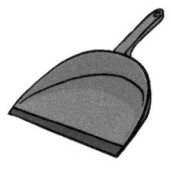

لقاطة الكناسة

φαράσι

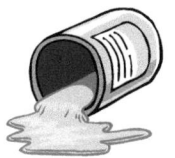

سطل الألوان

δοχείο χρωμάτων

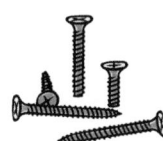

براغي

βίδες

آلات موسيقية

μουσικά όργανα

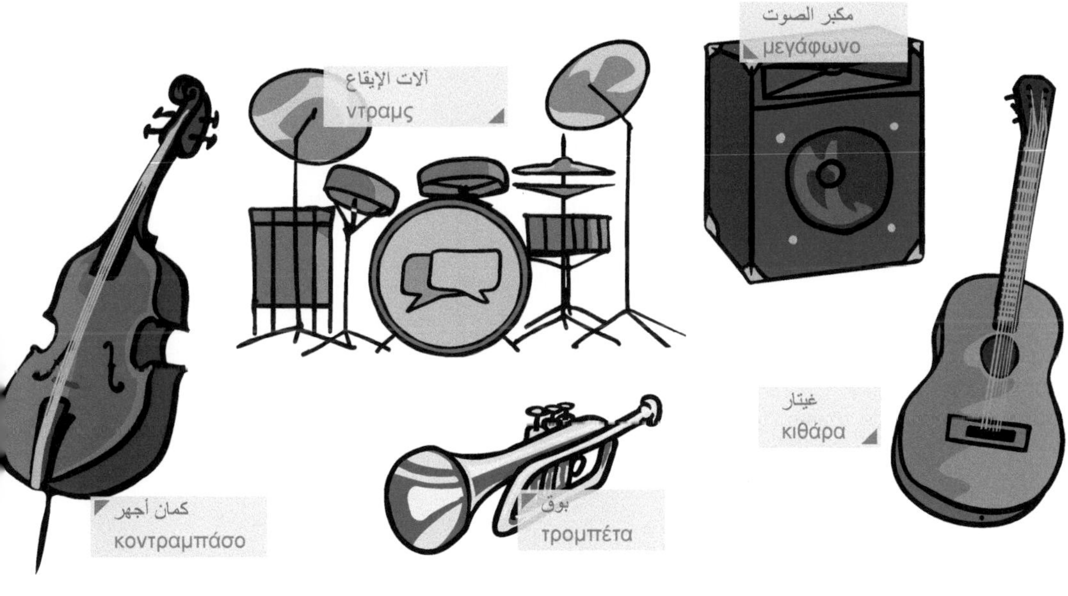
مكبر الصوت
μεγάφωνο
آلات الإيقاع
ντραμς
غيتار
κιθάρα
كمان أجهر
κοντραμπάσο
بوق
τρομπέτα

بيانو

πιάνο

كمنجة

βιολί

جهير

μπάσο

طبل كبير

τύμπανα

طبل

τύμπανο

بيانو كهربائي

πλήκτρα

ساكسوفون

σαξόφωνο

ناي

φλάουτο

ميكروفون

μικρόφωνο

حديقة حيوانات

ζωολογικός κήπος

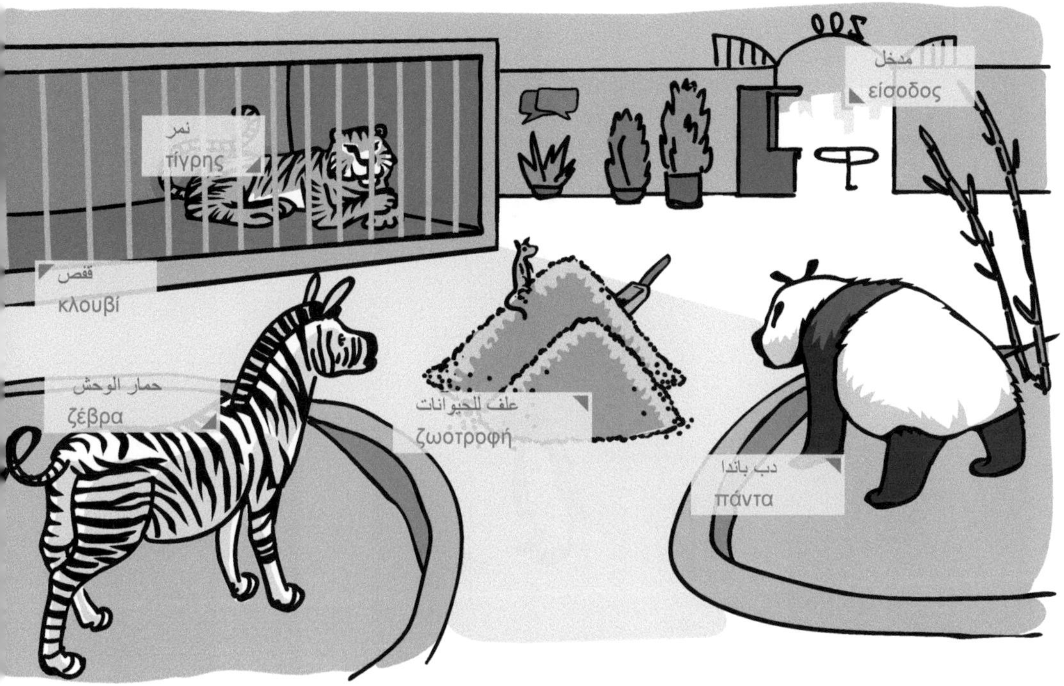

مدخل
είσοδος
نمر
τίγρης
قفص
κλουβί
حمار الوحش
ζέβρα
علف للحيوانات
ζωοτροφή
دب باندا
πάντα

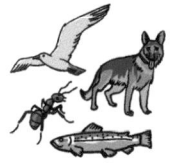

حيوانات

ζώα

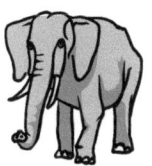

فيل

ελέφαντας

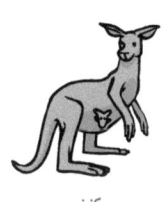

كنغر

καγκουρό

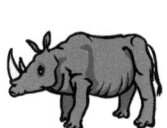

وحيد القرن

ρινόκερος

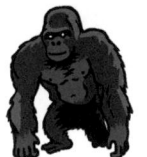

غوريلا

γορίλας

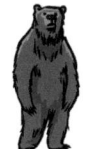

دب

αρκούδα

جمل

καμήλα

نعامة

στρουθοκάμηλος

أسد

λιοντάρι

قرد

πίθηκος

طائر فلامينغو

φλαμίνγκο

ببغاء

παπαγάλος

دب قطبي

πολική αρκούδα

بطريق

πιγκουίνος

سمك القرش

καρχαρίας

طاووس

παγώνι

أفعى

φίδι

تمساح

κροκόδειλος

حارس في حديقة الحيوان

φύλακας ζωολογικού κήπου

عجل البحر

φώκια

نمر أمريكي مرقط

τζάγκουαρ

فرس قزم

πόνυ

نمر

λεοπάρδαλη

فرس النهر

ιπποπόταμος

زرافة

καμηλοπάρδαλη

نسر

αετός

خنزير برّي

αγριογούρουνο

سمك

ψάρι

سلحفاة

χελώνα

حيوان فظ البحري

θαλάσσιος ίππος

ثعلب

αλεπού

غزال

γαζέλα

كرة القدم الأمريكية
Αμερικάνικο ποδόσφαιρο

ركوب الدراجات
ποδηλασία

كرة التنس
αντισφαίριση

كرة السلة
μπάσκετ

السباحة
κολύμβηση

الملاكمة
πυγχαμία

هوكي الجليد
χόκεϊ επί πάγου

كرة القدم
....
ποδόσφαιρο

الريشة الطائرة
....
μπάντμιντον

ألعاب القوى الخفيفة
....
στίβος

كرة اليد
....
χάντμπολ

التزلج على الثلج
....
σκι

بولو
....
πόλο

δραστηριότητες

يضحك
γελάω

يقفز
πηδάω

يعانق
αγκαλιάζω

يمشي
περπατάω

يغنّي
τραγουδάω

يحلم
ονειρεύομαι

يصلّي
προσεύχομαι

يقبّل
φιλάω

يكتب
γράφω

يرسم
σχεδιάζω

يُري
δείχνω

يدفع
πιέζω

يعطي
δίνω

يأخذ
παίρνω

يملك
έχω

يعمل
κάνω

يوجد
είμαι

يقف
στέκομαι

يركض
τρέχω

يسحب
τραβάω

يرمي
ρίχνω

يقع
πέφτω

يستلقي
ξαπλώνω

ينتظر
περιμένω

يحمل
κουβαλώ

يجلس
κάθομαι

يلبس
φοράω

ينام
κοιμάμαι

يستيقظ
ξυπνάω

ينظر إلى ..

κοιτάω

يبكي

κλαίω

يمسّد

χαϊδεύω

يمشّط

χτενίζω

يتكلم

μιλάω

يفهم

καταλαβαίνω

يسأل

ρωτάω

يسمع

ακούω

يشرب

πίνω

يأكل

τρώω

يرتب

συγυρίζω

يحب

αγαπάω

يطبخ

μαγειρεύω

يقّود

οδηγώ

يطير

πετάω

يبحر بزورق شراعي

κάνω ιστιοπλοΐα

يحسب

υπολογίζω

يقرأ

διαβάζω

يتعلم

μαθαίνω

يعمل

δουλεύω

يتزوج

παντρεύομαι

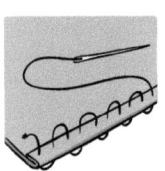

يخيط

ράβω

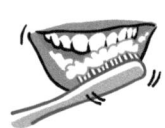

ينظف أسنانه

βουρτσίζω τα δόντια

يقتُل

σκοτώνω

يدخّن

καπνίζω

يرسل

στέλνω

عائلة

οικογένεια

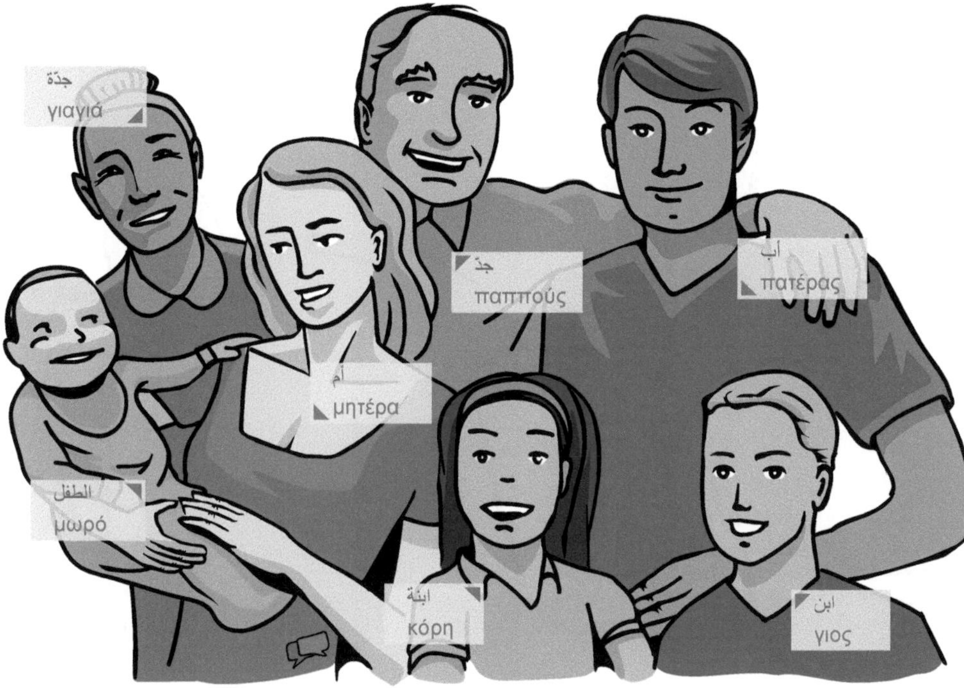

جدّة
γιαγιά
جدّ
παππούς
أب
πατέρας
أم
μητέρα
الطفل
μωρό
ابنة
κόρη
ابن
γιος

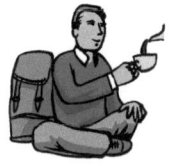

ضيف

καλεσμένος

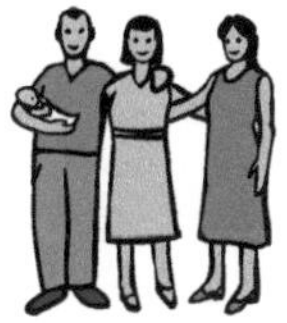

عمّة / خالة

θεία

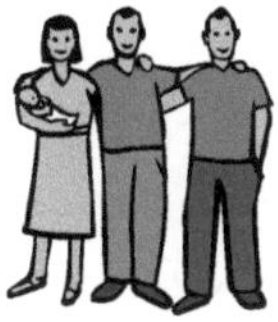

عمّ / خال

θείος

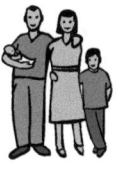

أخ

αδελφός

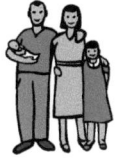

أخت

αδελφή

الجسم
σώμα

الجبين
μέτωπο
العين
μάτι
الكتف
ώμος
الإصبع
δάχτυλο
الوجه
πρόσωπο
الذقن
πιγούνι
اليد
χέρι
الساق
πόδι
الصدر
στήθος
الذراع
βραχίονας

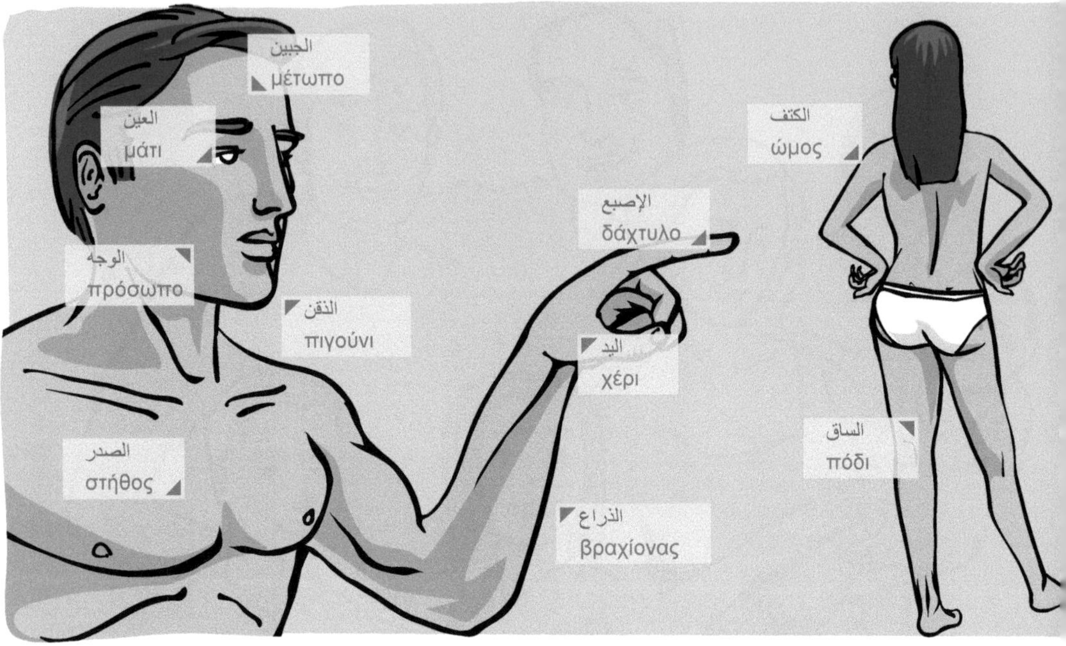

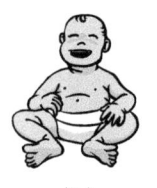

الطفل

μωρό

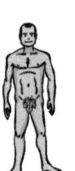

الرجل

άνδρας

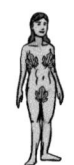

المرأة

γυναίκα

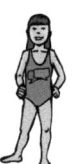

البنت

κορίτσι

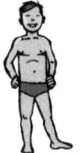

الولد

αγόρι

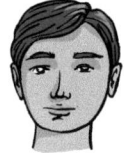

الرأس

κεφάλι

الظهر

πλάτη

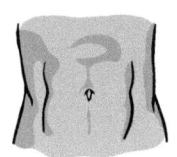

البَطن

κοιλιά

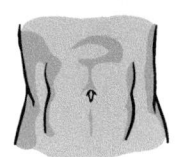

السرّة

αφαλός

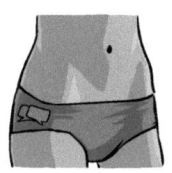

إصبع القدم

δάχτυλο ποδιού

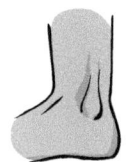

الكعب

φτέρνα

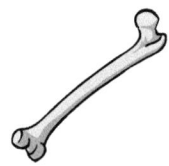

العظم

κόκκαλο

الورك

γοφός

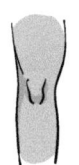

الركبة

γόνατο

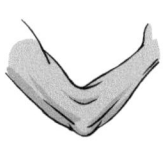

المرفق

αγκώνας

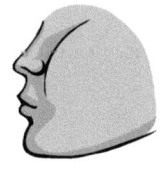

الأنف

μύτη

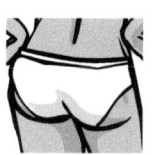

العَجُز

γλουτός

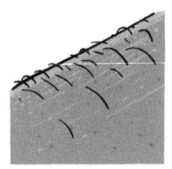

البشرة

δέρμα

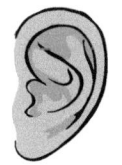

الخد

μάγουλο

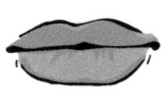

الأذن

αυτί

الشفة

χείλος

الفم

στόμα

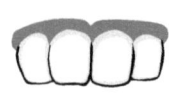

السن

δόντι

اللسان

γλώσσα

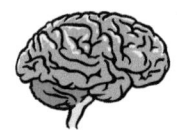

الدماغ

εγκέφαλος

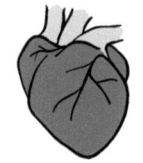

القلب

καρδιά

العضلة

μυς

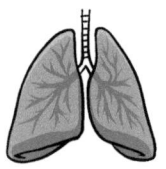

الرئة

πνεύμονας

الكبد

συκώτι

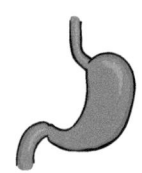

المعدة

στομάχι

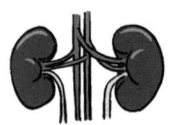

الكلى

νεφρά

الاتصال الجنسي

σεξουαλική επαφή

الواقي المطاطي

προφυλακτικό

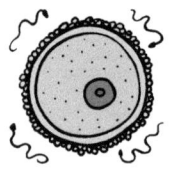

البويضة

ωάριο

المنيّ

σπέρμα

الحمل

εγκυμοσύνη

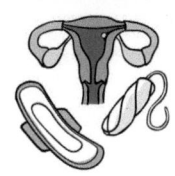

الحيض

περίοδος

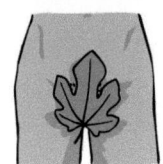

المهبل

γυναικείος κόλπος

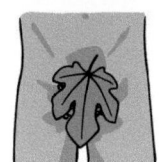

القضيب

πέος

الحاجب

φρύδι

الشعر

μαλλιά

الرقبة

λαιμός

المستشفى

νοσοκομείο

المستشفى
νοσοκομείο

سيارة الإسعاف
ασθενοφόρο

الكرسي المتحرك
αναπηρικό καροτσάκι

كسر
κάταγμα

الطبيب

γιατρός

غرفة الإسعاف

μονάδα εντατικής θεραπείας

الممرضة

νοσοκόμα

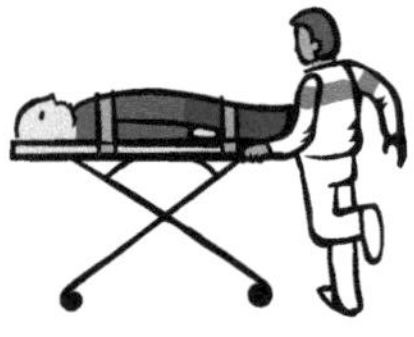

حالة

έκτακτη ανάγκη

مغمى عليه

λιπόθυμος

الألم

πόνος

إصابة
τραύμα

النزيف
αιμορραγία

احتشاء القلب
έμφραγμα

جلطة
εγκεφαλικό

حسسية
αλλεργία

السعال
βήχας

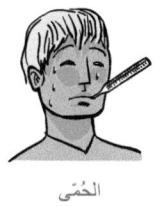

الحُمّى
πυρετός

إنفلونزا
γρίπη

الإسهال
διάρροια

وجع الرأس
πονοκέφαλος

السرطان
καρκίνος

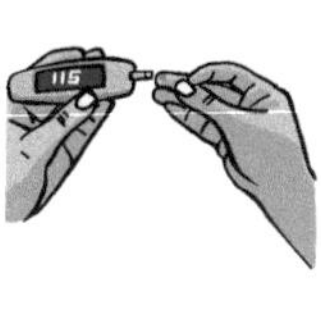

مرض السكر
διαβήτης

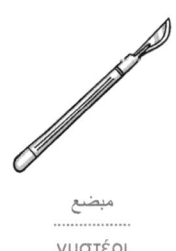

جرّاح
χειρουργός

مبضع
νυστέρι

عملية
εγχείρηση

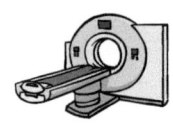

سيتي سكان

αξονική τομογραφία

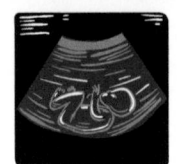

الأشعة السينية

ακτινογραφία

فوق الصوتي

υπέρηχος

القناع

μάσκα

المرض

ασθένεια

غرفة الانتظار

αίθουσα αναμονής

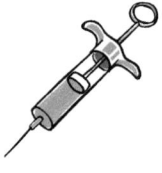

العُكّاز

πατερίτσα

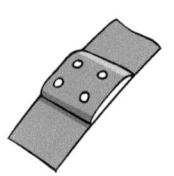

شريط لاصق

χάνσαπλαστ

ضماد

επίδεσμος

حقنة

ένεση

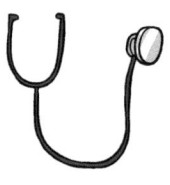

سمّاعة الطبيب

στηθοσκόπιο

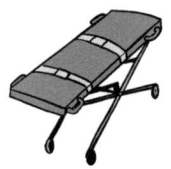

نقالة

φορείο

ميزان حرارة

θερμόμετρο

ولادة

γέννηση

وزن زائد

υπέρβαρο

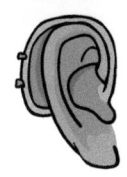

جهاز السمع

ακουστικό βαρηκοΐας

المواد المعقمة

αντισηπτικό

عدوى

λοίμωξη

فيروس

ιός

الإيدز

HIV/AIDS

الطب

φάρμακο

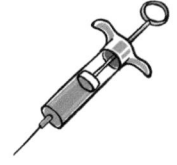

اللقاح

εμβολιασμός

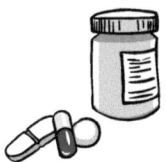

أقراص الدواء

δισκία

حبّة الدواء

χάπι

نداء النجدة

κλήση έκτακτης ανάγκης

مقياس ضغط الدم

πιεσόμετρο αίματος

مريض / صحيح

άρρωστος / υγιής

النجدة!
Βοήθεια!

إنذار
συναγερμός

اعتداء
βιαιοπραγία

هجوم
επίθεση

خطر
κίνδυνος

مخرج طوارئ
έξοδος κινδύνου

حريق!
Φωτιά!

جهاز الإطفاء
πυροσβεστήρας

حادث
ατύχημα

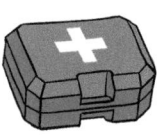

حقيبة الإسعاف الأولي
κουτί πρώτων βοηθειών

أنقذونا
SOS

الشرطة
αστυνομία

أوروبا

Ευρώπη

أمريكا الشمالية

Βόρεια Αμερική

أمريكا الجنوبية

Νότια Αμερική

أفريقيا

Αφρική

آسيا

Ασία

أستراليا

Αυστραλία

المحيط الأطلسي

Ατλαντικός Ωκεανός

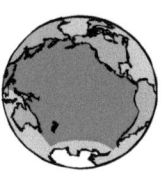

المحيط الهادي

Ειρηνικός Ωκεανός

المحيط الهندي

Ινδικός Ωκεανός

المحيط المتجمد الجنوبي

Ανταρκτικός Ωκεανός

المحيط المتجمد الشمالي

Αρκτικός Ωκεανός

القطب الشمالي

Βόρειος Πόλος

القطب الجنوبي

Νότιος Πόλος

منطقة القطب الجنوبي

Ανταρκτική

أرض

Γη

بر

γη

بحر

θάλασσα

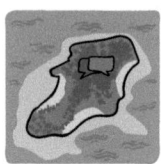

جزيرة

νησί

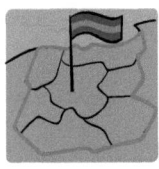

أمة

έθνος

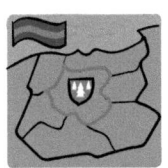

دولة

πολιτεία

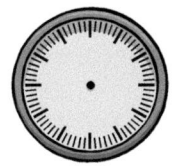

ميناء الساعة

καντράν ρολογιού

عقرب الساعات

ωροδείκτης

عقرب الدقائق

λεπτοδείκτης

عقرب الثواني

δείκτης δευτερολέπτων

كم الساعة الآن؟

Τι ώρα είναι;

يوم

ημέρα

زمن

χρόνος

الآن

τώρα

ساعة رقمية

ψηφιακό ρολόι

دقيقة

λεπτό

ساعة

ώρα

أسبوع
εβδομάδα

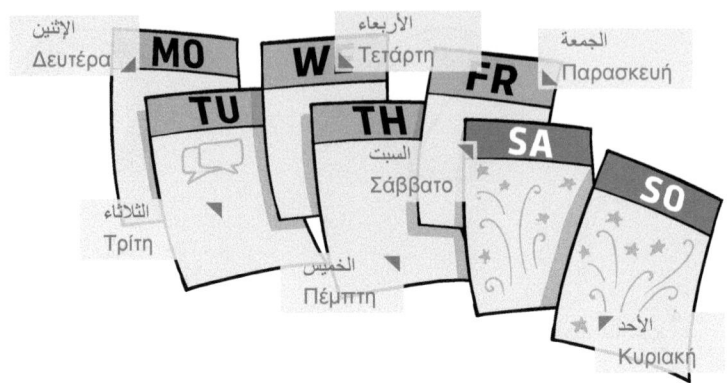

الإثنين Δευτέρα
الأربعاء Τετάρτη
الجمعة Παρασκευή
الثلاثاء Τρίτη
الخميس Πέμπτη
السبت Σάββατο
الأحد Κυριακή

الأمس
χθες

اليوم
σήμερα

غدًا
αύριο

الصباح
πρωί

الظهر
μεσημέρι

المساء
βράδυ

MO	TU	WE	TH	FR	SA	SU
1	2	3	4	5	6	7
8	9	10	11	12	13	14
15	16	17	18	19	20	21
22	23	24	25	26	27	28
29	30	31	1	2	3	4

أيام العمل
εργάσιμες ημέρες

MO	TU	WE	TH	FR	SA	SU
1	2	3	4	5	6	7
8	9	10	11	12	13	14
15	16	17	18	19	20	21
22	23	24	25	26	27	28
29	30	31	1	2	3	4

نهاية الأسبوع
Σαββατοκύριακο

سنة

έτος

مطر
βροχή
قوس قزح
ουράνιο τόξο
ريح
άνεμος
ثلج
χιόνι
الربيع
άνοιξη
الصيف
καλοκαίρι
الخريف
φθινόπωρο
الشتاء
χειμώνας

4.APRIL 11°
5.APRIL 4°
6.APRIL 13°
7.APRIL 8°
8.APRIL 10°

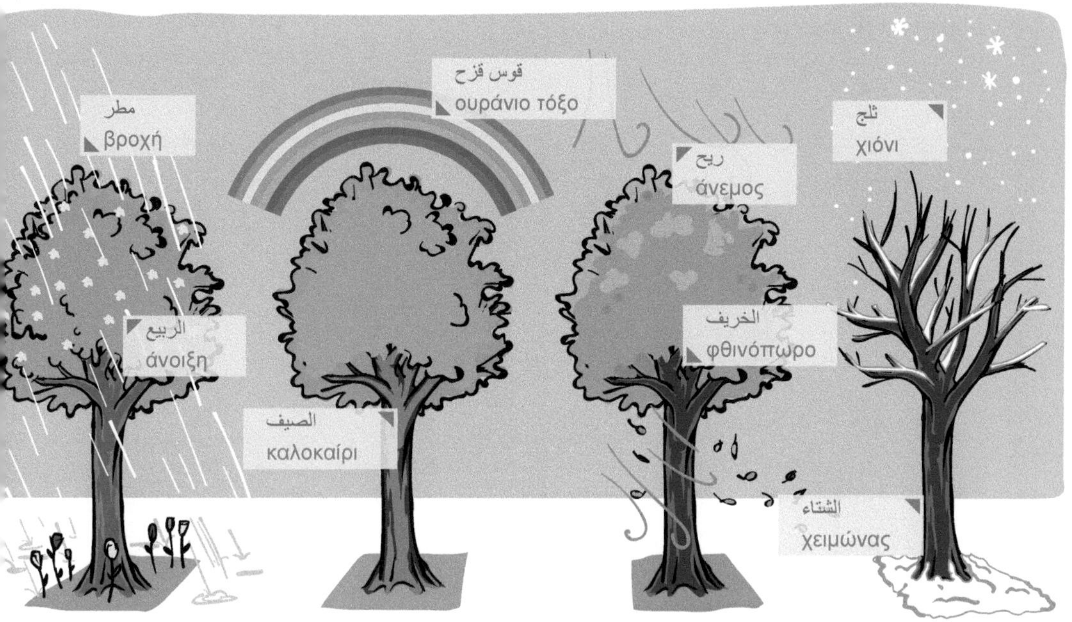

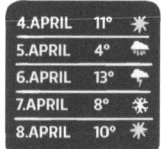

التنبّؤ بالحالة الجوية

πρόγνωση καιρού

F C
120 40
90 30
60 20
30 10
0 0
-30 -10
-20

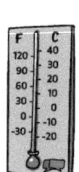

مقياس حرارة

θερμόμετρο

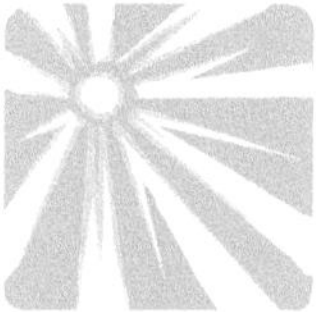

ضوء الشمس

λιακάδα

سحابة

σύννεφο

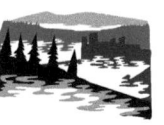

ضباب

ομίχλη

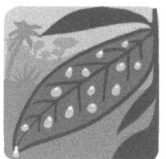

رطوبة الجو

υγρασία

برق
αστραπή

رعد
κεραυνός

عاصفة
καταιγίδα

بَرَد
χαλάζι

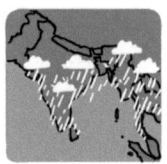

ريح موسمية
μουσώνας

طوفان
πλημμύρα

جليد
πάγος

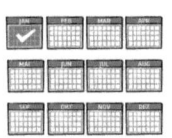

كانون الثاني / يناير
Ιανουάριος

شباط / فبراير
Φεβρουάριος

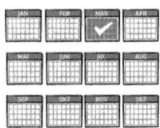

آذار / مارس
Μάρτιος

نيسان / أبريل
Απρίλιος

أيار / مايو
Μάιος

حزيران / يونيو
Ιούνιος

تموز / يوليو
Ιούλιος

آب / أغسطس
Αύγουστος

سنة - έτος

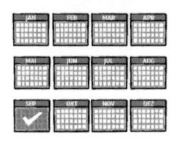

أيلول / سبتمبر

Σεπτέμβριος

تشرين الأول / أكتوبر

Οκτώβριος

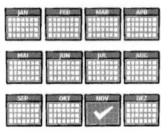

تشرين الثاني / نوفمبر

Νοέμβριος

كانون الأول / ديسمبر

Δεκέμβριος

دائرة

κύκλος

مربّع

τετράγωνο

مستطيل

ορθογώνιο
παραλληλόγραμμο

مثلّث

τρίγωνο

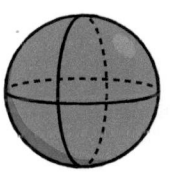

كرة

σφαίρα

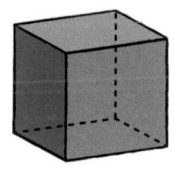

مكعب

κύβος

أبيض
....
άσπρο

أصفر
....
κίτρινο

برتقالي
....
πορτοκαλί

وردي
....
ροζ

أحمر
....
κόκκινο

بنفسجي
....
μωβ

أزرق
....
μπλε

أخضر
....
πράσινο

بنّي
....
καφέ

رمادي
....
γκρι

أسود
....
μαύρο

كثير / قليل

πολύ / λίγο

غضبان / هادئ

θυμωμένος / ήρεμος

جميل / قبيح

όμορφος / άσχημος

بداية / نهاية

αρχή / τέλος

كبير / صغير

μεγάλος / μικρός

فاتح / قاتم

φωτεινός / σκοτεινός

أخ / أخت

αδελφός / αδελφή

نظيف / وسخ

καθαρός / λερωμένος

كامل / ناقص

πλήρης / ατελής

نهار / ليل

ημέρα / νύχτα

ميت / حيّ

νεκρός / ζωντανός

عريض / ضيّق

φαρδύς / στενός

صالح للأكل / غير صالح

βρώσιμος / μη βρώσιμος

شرّير / لطيف

κακός / ευγενικός

مثير / ممل

ενθουσιασμένος /
βαριεστημένος

سمين / نحيف

παχύς / λεπτός

أولا / أخيراً

πρώτος / τελευταίος

صديق / عدو

φίλος / εχθρός

مليء / فارغ

γεμάτος / άδειος

صلب / ليّن

σκληρός / μαλακός

ثقيل / خفيف

βαρύς / ελαφρύς

جوع / عطش

πείνα / δίψα

مريض / صحيح

άρρωστος / υγιής

غير شرعي / شرعي

παράνομος / νόμιμος

ذكي / غبي

έξυπνος / χαζός

يسار / يمين

αριστερός / δεξιός

قريب / بعيد

κοντινός / μακρινός

جديد / مستعمل

καινούριος /
μεταχειρισμένος

لا شيء / بعض الشيء

τίποτα / κάτι

مسين / شاب

γέρος | νέος

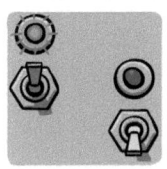

يشعل / يطفئ

αναμμένος / σβηστός

مفتوح / مغلق

ανοιχτός / κλειστός

خافت / عالٍ

χαμηλόφωνος /
μεγαλόφωνος

غني / فقير

πλούσιος / φτωχός

صح / خطأ

σωστός / λανθασμένος

أحرش / املس

τραχύς / λείος

حزين / سعيد

λυπημένος / χαρούμενος

قصير / طويل

κοντός / μακρύς

بطيء / سريع

αργός / γρήγορος

مبلول / جاف

υγρός / στεγνός

ساخن / بارد

ζεστός / δροσερός

حرب / سلم

πόλεμος / ειρήνη

0
صفر

μηδέν

1
واحد

ένα

2
اثنان

δύο

3
ثلاثة

τρία

4
أربعة

τέσσερα

5
خمسة

πέντε

6
ستة

έξι

7
سبعة

εφτά

8
ثمانية

οκτώ

9
تسعة

εννιά

10
عشرة

δέκα

11
أحد عشر

έντεκα

12

اثنا عشر
δώδεκα

13

ثلاثة عشر
δεκατρία

14

أربعة عشر
δεκατέσσερα

15

خمسة عشر
δεκαπέντε

16

ستة عشر
δεκαέξι

17

سبعة عشر
δεκαεφτά

18

ثمانية عشر
δεκαοκτώ

19

تسعة عشر
δεκαεννέα

20

عشرون
είκοσι

100

مائة
εκατό

1.000

ألف
χίλια

1.000.000

مليون
εκατομμύριο

اللغات
γλώσσες

الإنكليزية

Αγγλικά

الإنكليزية الأمريكية

Αμερικάνικα Αγγλικά

لغة ماندارين الصينية

Μανδαρίνικα Κινέζικα

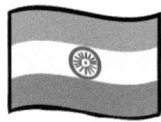

الهندية

Χίντι

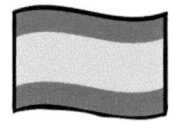

الإسبانية

Ισπανικά

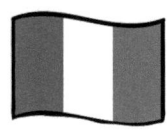

الفرنسية

Γαλλικά

العربية

Αραβικά

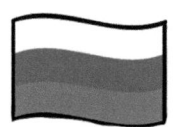

الروسية

Ρώσικα

البرتغالية

Πορτογαλικά

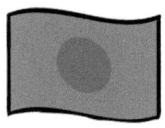

البنغالية

Μπενγκάλι

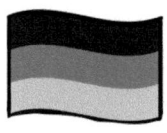

الألمانية

Γερμανικά

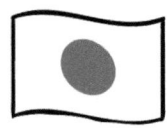

اليابانية

Ιαπωνικά

أنا
εγώ

أنت
εσύ

هو / هي
αυτός / αυτή / αυτό

نحن
εμείς

أنتم
εσείς

هم
αυτοί / αυτές / αυτά

من؟
ποιος / ποια / ποιο;

ماذا؟
τι;

كيف؟
πώς;

أين؟
πού;

متى؟
πότε;

اسم
όνομα

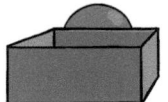

خلف
....
πίσω

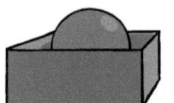

في
....
μέσα

أمام
....
μπροστά

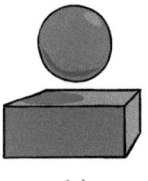

فوق
....
πάνω από

على
....
πάνω

تحت
....
κάτω

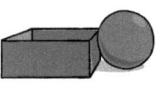

جنب
....
δίπλα

بين
....
ανάμεσα

مكان
....
μέρος